一本讀懂50冊經濟學名著

経済学の名著50冊が一冊でざっと学べる

蔭山克秀——著
高品薰——譯

從經典傑作到現代暢銷書，
輕鬆瞭解改變世界的經濟學。

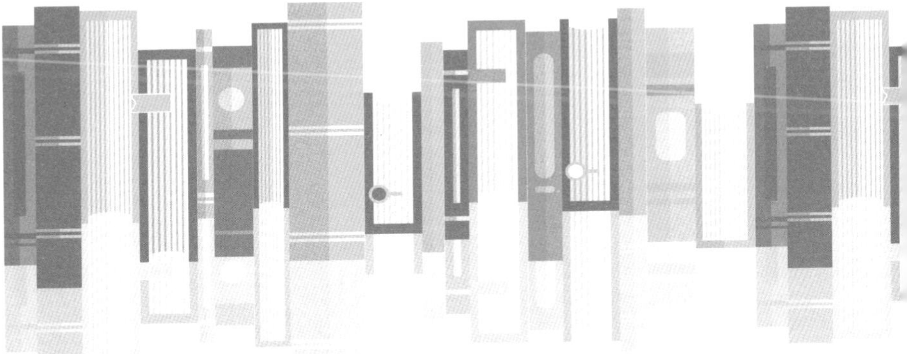

超實用！「經濟學名著」50本精選書單

「**簡單扼要就好，我想瞭解代表性的各家經濟學說。**」但平日工作太忙了，可以的話，希望能夠不增加負擔地進修。能做到這一點，又兼具易讀性與趣味性的書，不知道哪裡才買得到呢？

只要讀一本書，亞當斯密（Adam Smith）、凱因斯（John Keynes）、馬克思（Karl Marx）、迪頓（Angus Deaton）、艾克羅夫（George A. Akerlof）都能信手拈來，連海耶克（Friedrich Hayek）或史迪格里茲（Joseph E. Stiglitz）也能侃侃而談。要是有這麼方便的書，不論如何我也要弄來一本！

有這種想法的人，一定不只我一人吧！

本書就是為了抱有和我一樣想法的各位所編寫而成。

話雖如此，但為了寫出這樣一本「方便」的書，過程簡直苦若地獄。因為這次的**書寫主旨是「讀完了再寫」**，沒錯，可不是把一些學說內容重點條列出來就行了，而是要仔細讀完，再把內容用大家都能簡單明白的方式加以解說。

當我收到來自角川書店那重得嚇人的紙箱時，腦袋不由得一陣發暈，又驚又怕地伸手開了箱，裡面果然就是那些馬克思和凱因斯！

我完了！果然不該莽撞地接下這個案子——但也就只能事後叫一叫了。我痛下決心，趁著一至三月補習班放長假期間，每天平均在藤澤車站前的網咖待上十小時，抽著菸埋頭苦讀，振筆疾書。由於實在太痛苦，中間還曾經不堪折磨，一度逃亡至香港，本想在國外放鬆一下，卻因為一直在拚命讀傅利曼（Milton Friedman）的《資本主義與自由》，招來老婆的雷霆之怒。

但到了寫完書的今天，我卻真正感到能執筆此書是一件很棒的事。在這次工作中，我才領會到依序拜讀各家經濟學名著之後，不知何時起，心中逐漸培養出該怎麼去理解套用經濟學的「經濟嗅覺」。如此一來，**變得能夠自然理解經濟學的主流觀點、時代的走向、議題等，對世界各地的新時事也能用經濟學的角度與邏輯去思考。這種能力對於將經濟學當作知識素養的人，或是出入商場上活用經濟學的人來說，一定都能派得上用場。**

也因此，各位在閱畢本書之後，如果有哪本書讓你特別感興趣，請務必親自去深讀它。不管工作多忙，如果是已經確定頗有意思的書，想必還是讀得進去的。在書裡，我也把拜讀這些名著時，當下的辛苦與感動都記錄下來，期盼這些周邊資訊也能做為各位看書時的參考。然後透過實際閱讀來磨練自己對經濟學層面的感受性，提高知識素養，擴大會話的範圍與深度，進而成為各位腦中貴重無比的資產。

這篇序言的最後，我想對角川書店編輯田河慶友先生致上謝意。在執筆本書的期間，從協助我收集資料，到陪我在小吃店喝酒、聽我訴苦，各方面真的受到他諸多照顧，實在萬分感謝。再來是為本書繪製封面插畫的漫畫家丸紅茜老師，謝謝您不吝繪製出好看到放在我的書上嫌太可惜的漂亮封面。還有網咖「自遊空間．藤澤站南口店」，拜店家每天這麼長時間辛苦工作所賜，才能讓我有機會寫就一本好書。謝意不言自表。

目次

83
12
《贏家的詛咒》塞勒 Richard H. Thaler
以心理學的角度來解析經濟學，將會發現許多非理性的選擇結果，並將人類社會的經濟行為歸納出模式。

84
13
《總體經濟學》曼昆 Gregory Mankiw
新興凱因斯主義學派的領頭者，論述中少用算式，多以具體例證來解說。以初學者奠定基礎來說，是必須要竭力去接觸的金玉之作。

第2章

瞭解經濟發展及自由主義的13本名著

人類真的能掌控經濟嗎？

87
14
《通向奴役之路》海耶克 Friedrich Hayek
自亞當斯密以來，一直身為「自由放任主義經濟之子」的英國，逐漸也蒙上了「計畫性經濟」的陰影。經濟學大家海耶克最為擔憂的「毒」，其真面目到底為何？

149
25 《正義論》羅爾斯 John Rawls
如果我們每個人都完全不去認知自己和他人的地位、能力及財產、出身等落差，
那麼這個社會就能夠邁向平等及公正的境界。

150
26 《汽車的社會成本》宇澤弘文
在人類社會中，有許多成本應該要由獲得利益的人來付出。
本書正是以汽車為例，設想出一個公正的社會所應有的形態。

第3章 認識「資本主義」的13本名著

在思考經濟學時無法或缺的最重要主題

153
27 《基督新教倫理與資本主義精神》韋伯 Max Weber
存錢儲蓄，不但完全不是壞事，甚至是順應神對世人的期待！
資本主義已經成了今日社會經濟體系的基礎，而人們也對它萌生了信仰之心。

第4章

理解「豐饒」與「貧困」的11本名著

經濟學裡是怎麼看待所謂的貧富差距呢？

第1章

掌握「經濟學」基礎的13本名著

話說，到底什麼是經濟學？

1 《國富論》（*The Wealth of Nations*, 1776）

亞當・史密斯 Adam Smith

「經濟學之父」，以其天才等級的直覺，歸納導出經濟思想的源頭。重要關鍵字為「專業分工」、「人力資本理論」、「自由貿易」。

亞當・史密斯（1723～1790），英國社會學家、經濟學家。古典派經濟學說的創造者，格拉斯哥大學教授。

原來「經濟學」是到了十八世紀才出現的?!

要說到「經濟學之父」，說的不會是別人，一定是指這位亞當・史密斯（通稱「亞當斯密」）。現今以**「古典經濟學始祖」**而聞名的亞當斯密，當時並非經濟學家，在人們的認知中他是一位哲學家。為什麼呢？——這是因為在那個年代，根本還沒有所謂「經濟學」這門學問的概念。

追根究柢，一種學問的興盛與否，本來就和該種學問相應領域的發展互有連動。好比當社會的行為規範仍處在「村民共識」的時代，法學自然就不可能發展得起來。經濟學也是同樣的情況。

「可是亞當斯密不是十八世紀的人嗎？難道經濟是到這麼近代了才開始發展的嗎？」

正是如此。聽起來像騙人似的，卻是如假包換的實話。其實**人類自誕生以來，一直到十八世紀之間，經濟只有微乎其微的發展**。為什麼會變成這樣呢？如果把經濟和政治放在一起思考，答案就非常清楚了。簡而言之，我們的歷史發展至今，不管在世界的哪個角落都「沒有政治自由」。

世界各國由特權階級統治的歷史長得令人驚訝，有些是由國王、有些是由教會，甚至是由諸侯或領主來支配，人民的自由普遍受到壓抑。這是相當無可奈何的事。因為人類是群居的動物，只要聚集兩個人以上，必定就會逐漸發展成社會。有了社會結構之後，便開始產生領導者。等到有了社會與領導者，便產生了「支配與服從」的關係，最後支配者為了保有自己的地位與生活，將國家都納入同樣的體制。

沒錯，在日本也有大家熟悉的**「封建制度」**。

封建制度是一種「將農民綑綁於田地，收成上貢給特權階級」的系統。一旦確立這種體制，那麼特權階級不動一根手指也能過著衣食豐厚的生活。但這種制度下，經濟將不可能發展。因為領主們的目標在於「保持現有體制」，農民對於無法收穫自身利益的工作，不會產生投入勞動的欲望。所有人都消極度日。在如此自閉的社會裡，經濟自然發展不起來。

上述的體制，持續了數百年之久。要是這樣經濟還能發展得起來，就是奇蹟了。

但這種情況下，某一天經濟突然開始向「外」擴展。這時是**「重商主義」**的時代了。

重商主義是一種「由專制君主來保障商業及貿易行為，並從中獲取利益」的系統。它的方式很簡單，也就是「國王寵信特定的商人」，大開方便之門，讓商人透過貿易致富，再吸取所得利益。這時最佔盡優勢的，就是由英國、法國、荷蘭等國設立的「東印度公司」，這是世界歷史上首度出現的企業。東印度公司壟斷了整個亞洲區的貿易，起初是與王權聯手，在革命將君王拉下來後，則與巨富的股東合作；

當王權與股東都派不上用場，就和殖民地當地有權有勢的人連成一氣，繼續活躍。

在專制王權興盛的十六至十八世紀，歐洲諸國君主為了「籌謀權力的成本」，紛紛推崇起重商主義，開啟了「大航海時代」。自亞洲到非洲、南美、北美，世界的邊際紮紮實實在擴大，想以貿易來賺取利潤的想法，也就是理所當然的事了。當時的英國、法國、荷蘭等國，為各自擁有的東印度公司頒發了貿易特別准許證，各地「商業與貿易行為」因此逐漸熱絡起來，世界的經濟發展才終於自封建制度下冒出新芽。

即使如此，滿足經濟發展的條件還不夠完備。確實重商主義是促成了商品經濟的發達，但還缺少關鍵性的「政治自由」。也就是說，這時能享有經商自由的，只有國王陛下和東印度公司，大多數人民仍然無法從商業交易中獲得利益。這股風潮終究無法讓民眾產生「大家都來賺錢」的熱烈反應，談不上是什麼足夠大的刺激。

也因此，在這之後引發了革命，人民推翻了專制王權。至此才終於獲得自由的人們，在賺來的財富能夠屬於自己之後，開始熱中於投入心力與改良，逐步走向了隨後而來的工業革命與經濟學的發展之路。

亞當斯密就生在這樣的年代。就別說什麼專業的經濟學家了，在當時甚至根本沒有這種東西。比他早一些完成了《經濟表》的法國重農主義者——魁奈，本來還是個醫生呢。因此，亞當斯密雖然是出身格拉斯哥大學的「哲學」教授，但退休後潛心撰寫了成為經濟學分水嶺的重量級名著《國富論》。附帶一提，亞當斯密在著手動筆前，曾前往法國與魁奈會面，向他學習了「再生產」及「資本積累法則」等觀點，據說其內容與《國富論》的思想發展路線有所關聯。

經濟學藉由吐嘈亞當斯密而發展

我花了相當多時間閱讀亞當斯密的《國富論》（正確來說是超超超超多時間），它是一本無處不洋溢著天才光芒的書。為什麼這樣說呢，因為書中不僅有亞當斯密創始的「古典經濟學」，**裡面還有非常多原創觀點，成了後來各家各派經濟學說的源頭**。

在亞當斯密出現之前的經濟思想，充其量就只有重商主義跟重農主義，而他能夠學習的前例幾乎等於零。即使如此，書中卻能紮實地提出分工理論、自利心的概念、均衡價格的概念、國民所得的概念、「勞動為價值的尺標」之人力資本理論、自由放任主義、低成本政府等當時極為嶄新的觀點。也就是說，亞當斯密的這些理論，幾乎都是透過他本身獨有的「經濟直覺」發掘出來的。

雖然提出了這些了不起的內容，可貴的是他並沒有用得意的嘴臉拿來一遍遍賣弄，而是乾脆爽快地一次說明清楚。**「看不見的手」**，在今日可說是亞當斯密的代名詞，而這個如雷貫耳的字眼，在書中也僅僅出現過一次而已。但受此啟發出的思想卻像泉水般噴湧不止。實在是個不得了的天才啊！亞當斯密這個人！能夠如此鮮明精準解析充滿私欲的資本主義，真的是道德哲學的教授嗎？

但話說回來，也因為這本書全仰賴個人直覺寫成，內容有許多漏洞。有不少前後矛盾或觀念混淆的狀況，如果把所有內容統整起來，更會發現許多道理不通的地方。不過，能夠抬頭挺胸把還有許多破綻的論著發表出來，仍然是非常厲害的事。就好像吉本新喜劇的岡八郎那樣，「這個論述結構要是有漏洞的話，你就儘管給我殺過來……啊還真的有喔?!」先氣勢洶洶大喝一句，再懦弱地彎下腰態度大轉變（沒聽過岡八郎的人可以在網路上查詢看看）。

「天才般的直覺和滿是漏洞的理論」會刺激其他學者的「吐嘈欲」。以接下來會介紹到的李嘉圖為首，經濟學眾家喜孜孜地在找尋各種嘈點，把亞當斯密譙得滿頭包。不過，**根據這些吐嘈去做修正，理論才得以不斷洗練，讓經濟學有了多方面發展**，被批得滿頭包也算是有價值了。「今天採收到這些想法差不多了吧」，相信亞當斯密有這些收穫也會偷笑，重新挺直腰桿。

但這種「滿是漏洞的天才」還真是天下無敵呀！哲學家柏拉圖和棋士加藤一二三也是如此，這種人不管做什麼事，都能秉持敬意，不會失去自身該保持的尊敬態度。我本人在此也會不拘泥於那些被指謫出來的漏洞，用滿懷敬意的態度去介紹這本書的優越之處。

「專業分工」是經濟發展的重要關鍵字

《國富論》的開章是從講述「專業分工」的優點開始。

和既往的農業不同，工業的流程是可以專業分工的。舉個例子，我們用製作大頭針的過程來思考看看，如果讓一個人負責，恐怕一天只能做好一根。

正是如此。假設要一人獨力製作大頭針，首先得從早起到山裡去挖掘鐵礦的階段開始。下山之後，點火燒融鐵礦、煉化、成型、鍛造、修邊、研磨。沒有這麼多工夫，就成不了這根針。

這實在會累死人。要是一根針能賣十萬日圓，也還算有點努力的價值，但費這麼多工夫，做出來的就只是一根大頭針，連十圓都賣不了，根本是酷刑。就算是酷刑都嫌過分了，要是讓牢裡的犯人自己選「雜工五年」、「打一百大板」、「製作大頭針」，所有人都會哭叫著：「千萬不要叫我做大頭針！」然後衝向雜工或一百大板的選項吧。

不過，就算是繁瑣到讓人光聽就要昏過去的工作，只要能進行分工，製作效率就能大幅提升。亞當斯密去參觀的大頭針工廠，實際情況是十個工人一天能做四萬八千根大頭針，也就是「一人一天製作四千八百根」。落差竟然這麼巨大！一個勞動者的生產量被稱為「勞動生產值」，**專業分工就是能夠把勞動生產值大幅提高的關鍵**。

然而，**分工的概念在農業上卻行不通**。各種作物的耕種、整地、播種、收割時期全部不同，不適合「每個人各自專心負責一環，眾人同時進行」的生產流程。因此，農業生產雖然可以在土地改良及農業機具下點工夫改善，也無法像工業那樣一舉拉高勞動生產值。

有這層緣故，**工業國家的生產能力必然會高出農業國家許多，社會隨之發展，資源豐富到足以傳遞**

至最下層的國民，也就成為了「富國」。

此外，專業分工雖然是「與他人互相合作」，但亞當斯密認為尋找助力的訣竅，不在於期待他人釋出善意，而要從**「自利心」**下手。也就是說，不是走「我有困難，誰來幫幫我」的情感道德路線，而是要對外昭告：「和我合作分工的話，**我和你都能賺大錢喔！**」能夠滿足對方的私欲，才更能確實獲得對方的助力。

理解「人力資本理論」，就能瞭解市場！

人類和動物不同，具有以物易物的概念，擁有更高的社會性，也因此分工的概念才能夠成立，後續的交易與買賣亦跟著成立。也就是說，人類能夠善用彼此能力的不同，互相利用，以獲得自己的好處。而專業分工的概念，隨著進行交易的「市場」越大，分工類別就能夠越細，市場也在同時擴張得越來越大了。

接著，**當社會因為專業分工而擴大，成千上萬的人經由交易來生活，就形成了「商業社會」。這麼一來就需要「測定物品價值的尺標」以及「制定交易的方法」**了。

這裡所說的價值，指的是**「交易價值」**。價值分為兩種，例如有像是「水」這樣在現實面很有用，但在交易面卻不特別受到需要的東西，這類東西講究的是**「使用價值」**。另一方面，則有很多諸如「鑽

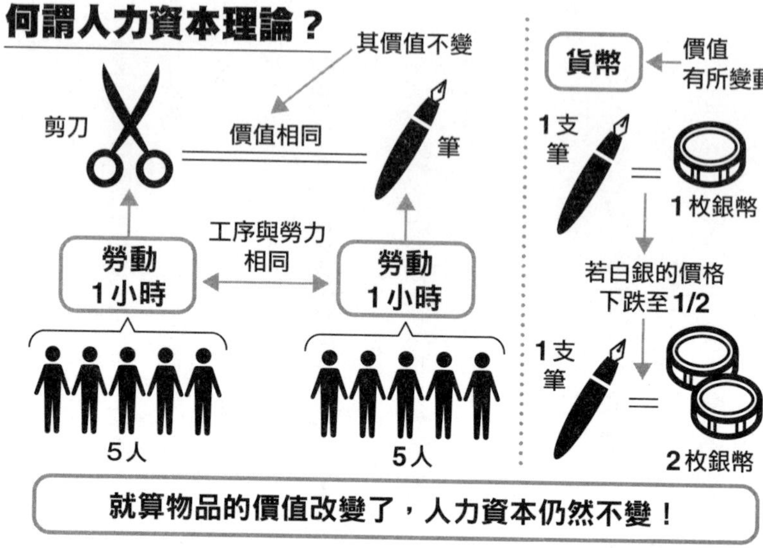

石」這種，在現實面沒有特別用處，但卻活躍在交易市場的東西，以「交易價值」為主。此時當然就需要找出「測定交易價值的方法」。

一說到要測定交易價值，所有人都會先想到「貨幣」。但亞當斯密卻主張**貨幣並不能標示出「真正的價值」**。因為用來製造貨幣的金、銀等原料，**本身的價值就會浮動**。

不管什麼東西都一樣，一旦數量多了，價值就會下降。假設你口中的牙齒已經全部換成金牙了，那麼在雅虎拍賣上就算出現一顆五百日圓的金牙，你也不會買吧。因為那對你已是不再需要的東西，金牙在你心目中的價值下降了。像這樣「隨日子不同而長短有異的尺標」，怎麼可能測定出真正的價值。那我們到底要用什麼來測定價值呢？

亞當斯密的答案就是「勞動」。**只有勞動才是能夠測定出商品價值的真正尺標**。這種學說就叫做「人力資本理論（勞動價值理論）」。

假設每一把剪刀需要「五個人花一小時製作」，一支筆也需要「五個人花一小時製作」，那麼兩者交換，對彼此來說都不損失。實際上，人們是為了解決以物易物的不方便，才開始使用貨幣（假設剪刀和筆相同，各自可用一枚銀幣購得），但貨幣本身的價值卻會變動。

說得好懂一些，昨天只要一枚銀幣就能買到剪刀，而如果此時發現了新的銀礦，今天有可能就要兩枚銀幣才能買到剪刀了。這個情況裡，五個人勞動一小時的價值不變，但代表了其價值的銀幣，卻因為本身原料的價格變動而價值下滑了。

物品的價值變了，但人力資本仍然不變。即使物換星移，製作一把剪刀所花費的工序與勞力是不變的。所以，雖然人們是使用貨幣交換這項商品，事實上標定出商品交易價值的仍然是勞動。

但這裡要再提到，勞動分為「生產性勞動」及「非生產性勞動」，前者諸如製造業等，其利益屬於資本家的可累積資本，累積的資本則能帶動再度生產。相對的後者，如當場使用完畢的服務類勞動（如家事服務或文人、醫師、律師、藝人、歌手、舞者等），對資本家的再生產則沒有貢獻。

從亞當斯密為國家積累財富的觀點來看，不但理所當然地重視前者，更加提倡「儉約」（儲蓄）。也就是說，有錢人認為將金錢使用在非生產性勞動上是一種「浪費」，而將這種觀念濃縮來看，就是「資本積累→進行再生產而獲得利益」的思考邏輯。亞當斯密本人對此是這麼形容的——「資本透過儉約來增加，因浪費與莽撞的經營而減少」、「浪費者乃社會之敵，儉約者乃社會之恩人」。

回到人力資本理論。確實商品的交易價值能夠透過人力資本來測定，**但光憑人力資本卻無法明確決定出商品實際上的「價格」**。假設我們身處在不使用到資本，也不需要農業的狩獵型社會，在狩獵所花費工夫對等的情況下，可以進行類似「每隻河狸交換兩隻鹿」的簡單交易，但開發國家的工業產業，用到的東西類別卻多不勝數。

開發國家在生產商品時，乃是由勞工的勞動、資本家的資本（工廠、機械、工具等）、地主的土地來共同合作進行。因此實際上的商品價格，會視各別的「工資、利潤、地租」而定。此階段所呈現出來的價格叫做「**自然價格**」，也是這三方收入的主要來源。

乍聽到自然價格，或許會讓人以為這就是商品的「市場價格」，但亞當斯密將這兩種價格區別開來。自然價格是由當下的工資、利潤、地租所自然形成，也是所謂的「理想價格」；而與之相對的**市場價格**，則是看當時市場上流通的商品數量，以及願意支付自然價格購買的買家（有效需求者）數量，依兩者平衡狀況而定。

根據亞當斯密的說法：**價格這種東西，是以自然價格為中心，市場價格則在其周遭來回浮動，最後通常會落在兩者中間，取一恰到好處的商品價格**。這就是他所認為的市場運作方式。

附帶一提，投身市場裡的人，誰都不會去考慮到「社會的利益」。**大家都只想著獲取自己的利益**。即使如此，只要市場能夠保持「自由」，商品的供給量會慢慢地配合有效需求者的數量增減，比起刻意控制，任其自由發展能為社會帶來更多利益。沒錯，這種自然發展並不是誰有意為之，而是**受到一隻「看**

不見的手」的操控。

但想要這樣發展，就不能有任何因素去阻礙「自由」。自由一旦受到阻礙，會讓「看不見的手」失去功能，造成社會利益無法提高。亞當斯密認為**阻礙市場自由性的最大因素就是「壟斷」，並對東印度公司種種壟斷權利的重商主義進行批判**。

最為必要的是「自由貿易」以及「小政府」

一般認為，金錢才是國家的財富。基於這種想法，政府才會展開「重商主義政策」。重商主義已從初期的獲取金銀與禁止金錢輸出的「重金主義」，簡化為運用「輸出大於輸入」來賺取利潤的「貿易差額主義」。但這兩者都是政府為了累積金銀或使貿易收支黑字化而進行的「保護政策」，像這種充斥著獨裁或特權的貿易行為，在亞當斯密看來「只不過是從無意義切換到無意義」的行為。

比這一切都**更重要的是「自由貿易」**。只要貿易的自由受到保障，就算政府放手不管，社會上所需的金錢與物品都不會匱乏。總而言之，借重農主義者的話來說就是**「自由放任（Laissez-faire）」**。

而比起插手經濟，政府更應該去思考人們想要什麼。人民想要的東西並非金錢，而是「金錢可以買到的『東西』」。那麼**需要的就是受到自由之神所保護的市場，把一切全交給「看不見的手」，讓這個供應與有效需求相互作用的場所，能夠保持自然狀態**。「我們這裡多出來的東西，說不定別人正好不足」

什麼是「看不見的手」？

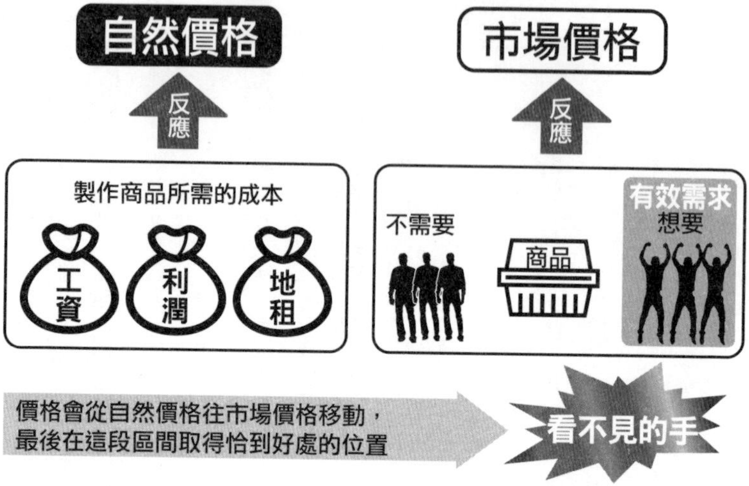

——光是擴大能夠達到這種交會的場所，就是在形成全體的利益。

但話是這樣說，市場也不是那麼完善。**政府應該以最低限度為前提，對市場進行提攜管理**。所以亞當斯密不認同完全的自由放任主義，例如國防、部分司法、教育、社會資本等，這些有存在必要的市場如果任其自然運作將無法完善發展，政府在這些層面應表現出不吝以公費支持的立場。同時，這就是國家存在的最低必要性。這種政府運作方式，在今日被稱為**「小政府」、「低成本政府」**。

說實話，《國富論》中有很多內容現在都已經過時了。不僅後半本的內容對現代大多數日本人來說，算是很稀鬆平常的世界經濟史淺談，還有一個個仔細解釋到只能說是冗長的具體實例。另外，亞當斯密非常不喜歡斷行。斷行一少，整本書文字讀起來壓迫感很重，書裡甚至出現過好幾次「長達六頁無斷行」的連續文章。

但讀完之後也有許多不錯的新發現。像是資本的分類、股份企業公司的起點、紙幣的誕生等等，這些我們平時在補習班講義中會簡略帶過的部分，在《國富論》中都有詳細的記載，可說收穫頗多。因此接下來有意想讀《國富論》的讀者，不要短時間集中閱讀，安排一個月去慢慢地、仔細地讀，相信一定能得到許多成果。

Point

亞當斯密所提倡的「專業分工」、「人力資本理論」、「自由貿易」等主張，都是後來經濟學發展的基礎概念。

2 《人口論》(*An Essay on the Principle of Population*, 1798)

湯瑪斯・羅伯特・馬爾薩斯 Thomas Robert Malthus

承襲亞當斯密流派的經濟學家，想法貼近現實，是絕不可錯失的重要觀點。
以消極的角度從根本上批判理想主義。

湯瑪斯・馬爾薩斯（1766～1834），英國經濟學家，在東印度公司書院擔任教授。

喋喋不休的負面思考相當有趣！

馬爾薩斯是一位牧師，也是人口學家，更是繼承了亞當斯密古典學派的經濟學家之一。

馬爾薩斯最著名的就是他所撰寫的《人口論》。單看這本書的書名，可能會有人覺得「咦？這個人根本就不是經濟學家嘛」，沒錯，其實這是一本關於人口學的書，並不是經濟學的書籍。內容分析部分雖然多少有用到一些經濟學的理論，但本質上完全不同。如果想要瞭解馬爾薩斯在古典經濟學方面的見解，可以看他的另一本著作《政治經濟學原理》（*Principle of Political Economy*），他在書中以經濟學家的身分大力支持亞當斯密的學說，同時也對自由放任主義及人力資本理論進行批判。

但我們挑了這本《人口論》來討論。為什麼呢？因為**這本書是馬爾薩斯個人威力全開、非常有趣的一本書**。

簡單來說，《人口論》是在針對「人口繼續這樣增加下去的話，在不久的將來會引發糧食匱乏」問題提出警告。

「啊？都什麼時候了，還在講這種理所當然的舊聞？這種事不用別人提醒，大家應該也早就知道了吧！」現在的我們聽到可能會這樣反應，但要想想，馬爾薩斯寫《人口論》時是十八世紀末，那時英國和他一樣對未來抱持悲觀消極想法的人可是少之又少。

當時的英國舉國上下都沉浸在樂觀主義中，放眼望去盡是工業革命最興盛的景況，工業生產力一飛沖天，眼前一片熱鬧繁華、物資豐足，勞工的工資也節節上漲……。其中也有人注意到人口問題，只不過他們想的是——「為了達到更高的生產力與消費力，大家趕快來努力做人啊！」從來不認為人口增加會是什麼不良因素。

而這時馬爾薩斯對那些在好景氣中歡騰的英國人民狠狠地潑了一桶冷水。「喂喂！你們聽好！不管工業發展到多強，沒東西可吃的話，可是會死人的喔！而且這可不是講什麼多久以後的事，差不多三十年就會到來了。」

馬爾薩斯的想法很灰暗。他總是這麼消極又悲觀，在講這些消極的事時特別來勁，喋喋不休。有個電影演員兼導演叫伍迪．艾倫（Woody Allen），這人就是「很來勁地在搞憂鬱」，馬爾薩斯就類似這樣。或者像是東京電視台深夜綜藝節目〈神之舌〉裡那些怪咖邊緣藝人，把他們的幽默搞笑技能拿掉的話，就是馬爾薩斯了。

馬爾薩斯對自己的陰沉是這樣解釋的：「**只不過是如實描述現實的情況，就足以教人變得如此陰沉了**。」嗯……總覺得不是這樣而已。讀《人口論》的直接感想就是——這個人與其說是陰沉，不如說他嘴太壞了……。喔不不，應該是個性本就不好相處。每次讀到他批評別人的段落，總是長到讓人忍不住擔心「到底是還有幾頁啊」，簡直沒有停下來的時候。經濟學有時也被稱為「憂鬱科學」，這一定是馬爾薩斯害的。

那麼，接下來就一起看看《人口論》的內容吧。

人口是以「乘法」的算式增加，糧食用的卻是「加法」

十八世紀末當時，社會上的聲音普遍分為現狀認同派，以及主張社會還有變得更好的可能性一派。他們平時忙著互懟「你是笨蛋吧」、「你講的才是空談吧」，完全聽不進對方的意見，只顧著爭論不休。而兩邊的共通點是他們都沒有注意到某個「巨大障礙」的存在。這個障礙就是「**人口的增加**」。沒錯，馬爾薩斯早在那時就已經正面直視這個「無法跨越的障礙」了。

馬爾薩斯首先以最明確的道理——「人口經常受到生活物資水準的壓抑」為基礎，再用衍生出的兩個大前提來做說明。

第一、「糧食」是人類生存不可或缺的。

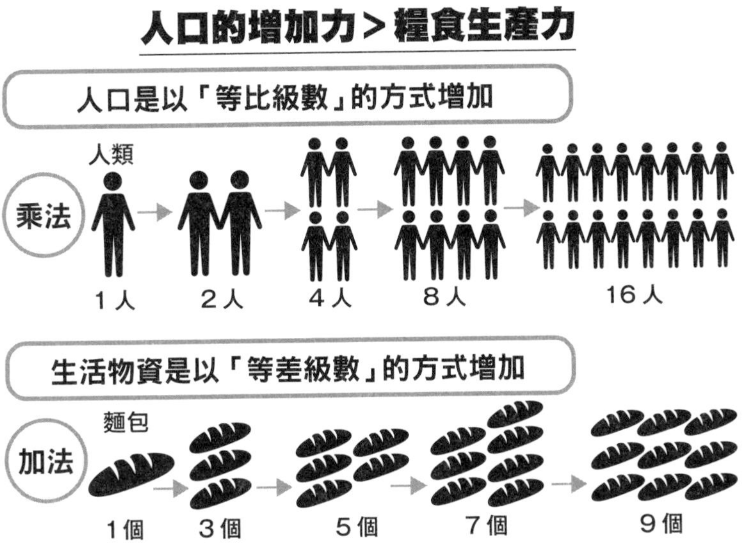

第二、「男女間的性欲」是一種必然的存在，這情況也將延續至未來。

在這些前提下，馬爾薩斯用以下這個非常有名的論點來說明人口和糧食增加率的不同。

人口在不受外力壓抑情況下，是以「等比級數」的方式增加，而人類所需的生活物資增加方式卻是「等差級數」。

等比級數的方式，指的就是「依照等比數列的規則」，而等比數列就是將左邊數字「乘」以一定的數字後，成為下一個數字，最後所形成的數字列。舉例來說，1、2、4、8、16、32……，就是1×2、2×2、4×2、8×2、16×2……，以「乘法」形成的數列。

相對地，等差級數的方式，當然就是「依照等差數列的規則」。等差數列是左邊數字「加」上一定的數字後，成為下一個數字，並且形成數字列。例如1、3、5、7、9、11……，就是1＋2、3＋2、5＋2、7＋2、9＋2……，以「加法」形成的數列。

總合來說，馬爾薩斯傳達的概念是**「人口數是以乘法在增加，糧食卻只能以加法的方式增加」**。

怎麼會?!這不就是說人口的增加力遠大於土地長出糧食的生產力嗎？再加上「人口的增加常會受到生活物資水準的壓抑」，等到糧食不足以餵飽所有人之後，就會反過來抑制人口的增加。馬爾薩斯所說的「壓抑」，在動植物的情況，是以「種子的浪費、疫病、早夭……」等形式發生，在人類的社會中，指的就是**「貧窮與道德淪喪（敗德）」**。

貧窮與道德淪喪！這雖是非常強烈的用詞，但說不定事實就是這樣。馬爾薩斯在書中段落不時提出警告，尤其是加上了「傳染病與出生率、死亡率相關統計資料」做為輔助的段落，整理得相當好，稍後也會做介紹。

由於以上的問題，當人口增加使得都市化更加明顯，就會因犯罪、色情交易（結婚率降低導致新生人口減少）、奢侈、墮胎、戰爭等等道德淪喪的現象，以及都市住宅過度集中、勞工工資低、糧食不足等貧困問題，造成一定程度的人口減少。如果這樣仍無法讓人口數量降到足以平衡，接下來就會出現像霍亂或黑死病等傳染病，大刀闊斧地砍人口。要是人口減得還不夠，最後的最後就是面臨大飢荒侵襲。終究，人口必然會被強迫減少到糧食足以餵養的程度。

而說到「貧窮與道德淪喪」，為什麼馬爾薩斯一定要用這種極度尖銳的詞彙，他是不是故意選用這麼粗暴的字眼呢？

不如這樣想吧，如果我們看到有人在奇摩「知識＋」之類的網路平台，開了一篇文章寫說：「本人認為要有效降低人口數量，應該推廣大家餓死小孩、散播傳染病、引發戰爭、遺棄身障者或老人、墮胎、棄養兒童，再對破壞婚姻的色情產業提供獎勵，大家覺得好不好？」十之八九，這篇文章絕對是來引戰（刻意想引起點閱者激烈反應的網路文章）的。但馬爾薩斯非常認真。他提出來的這些問題和情況，在社會的低下階層必然很容易發生。

對真實狀況視而不見的政策是不可原諒的

這些問題難道不能做點什麼來改善嗎？有人會這樣說。在當時，英國曾推出「**濟貧法**」（把從大眾身上募來的款項分給貧困者）。只要像這樣幫助社會的低下階層，不就一切都沒問題了嗎？錯了，馬爾薩斯對此大為批評。假設我們把募來款項分給低下階層，當他們拿到錢之後，全部的人都去買肉，那麼會發生什麼事呢？肉品市場會立刻呈現供給不足狀態，價格飛漲，到最後所有的人還是買不起肉。相反的，如果把錢拿來投入肉品生產，增加畜牧數量呢？這下又會佔用到種植穀物用的土地，很快就會買不起農作物類的糧食了。結果，**英國的濟貧法不但沒有展望於增加糧食，還造成人口繼續增加，最後仍是宣告破局**。

在《人口論》後半部，「馬爾薩斯真心話」爆炸性登場，他把濟貧法罵了個狗血淋頭。就是因為有這種制度，才會讓貧民不求長進，沒有養家本領就忙著結婚，小孩也跟著出生。人口再這樣增加下去，糧食不足問題就會進一步惡化，物價高漲。對勞工來說，是實質上的薪資下滑，說到頭來，傷害最後是由認真工作的勞工們承擔。

「這種不得不依附在他人身上的貧窮，應視為社會之恥！」

「無力扶養家庭卻執意結婚的勞工，是社會全體勞工之敵！」

「由於這種『貧窮者當然就只能靠社會養』的制度，使人民生而為人最重要的羞恥心變得薄弱，可說是大錯特錯！」

所以他**主張「廢除濟貧法」**，另外提出了政府應致力於讓人民瞭解扶養家庭的難度，並覺悟到因貧窮就想仰賴他人救濟的心態是一種「可恥」的事，而這種最終結果以達到抑制人口效果的想法，被稱為「道德式的抑制」。

為了**解決社會低下階層的貧困處境，馬爾薩斯最推薦的解法就是「農業」**。說到底，人口增加造成的最大災難就是糧食不足，既然如此，**比起濟貧，更應該獎勵土地開墾、致力農業先於工業、推廣農耕先於畜牧**才對。為朝向此目標，政府應對農業提供補助，解散工商業的同業公會及學徒制，傾全力用各種方式提高農業所得。只要能挑起人民從事農業開發工作的意願，就能提高糧食供給量，得以為勞動市場提供健康的人力，國家生產力隨之壯大，勞工階級的生活也獲得改善。

國家變富裕的自然發展順序

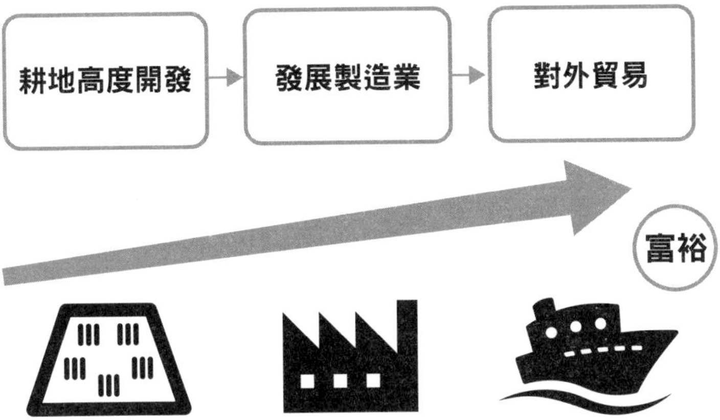

馬爾薩斯的想法是這樣的，**國家變富裕的自然發展順序應該是「耕地高度開發→發展製造業→與外國進行貿易」**。

而歐洲的做法完全是反著來。他們並不是把用於土地後剩下的資本投入扶持製造業，反而是製造業用剩的資源才拿來用在開發土地耕種。相較於農業，工業的開發被擺在前面，從事工業相關工作的薪水自然也更高。所以歐洲才會至今仍有許多土地未開發耕種。馬爾薩斯主張政府應該更加充分活用這些土地。

他認為，即使人口增加造成的糧食不足問題是一種「無法跨越的阻礙」，也**不應該對真實狀況視而不見**。馬爾薩斯雖然是個陰沉又悲觀的男人，個性卻不屈不撓。他正視現實，呼籲人們應該盡己所能。「我們除了這個巨大障礙之外，還有許許多多應當去為人類謀求的事物，我怎能不竭盡心力呢？」——讚喔，馬爾薩斯！我對你刮目相看啦！

馬爾薩斯的震怒

不過他的真正面貌，比起建設性的見解，果然還是從「陰暗面」才能看出來。在本書中，**馬爾薩斯花了非常多的篇幅對當時的某位理想主義者進行批判**。

那位被針對的仁兄叫做威廉．戈德溫（William Godwin），他是當時英國的一位理想主義者。他在《政治正義論》（*Enquiry Concerning Political Justice and its Influence on Morals and Happiness*）這本著作中，非常熱血地描述了一個我們應該去努力實現的平等、理想的社會。

而馬爾薩斯對他的美妙文筆及追求理想的熱情，刻意恭維一番後，狠狠地把他的論述踩到地上。「真悲哀啊，那種時候永遠不會到來，一切都是癡人說夢，不過是豐富想像力之下的美麗幻夢罷了。」

實際上，這位**戈德溫所述說的理想社會，建立在和馬爾薩斯不相容的人口觀上**。「人類社會依循某個原理運作，而基於這個原理，人口將永遠保持在人類能生存下去的程度」——這位仁兄也不調查一下就這麼寫，還把這個想法設定為自己描繪的理想世界的前提。於是點燃了馬爾薩斯的負能量之火。

馬爾薩斯就此開始對這位仁兄窮追猛打，批判不休。

「戈德溫先生把貧窮與道德淪喪歸咎於『社會制度』所造成，這種論調太淺薄了。敗德就像一道濁流，自人類社會這條大河的源頭深處開始汙染，相比之下，社會制度之類的東西，不過就是浮在河面上的羽毛罷了。」

雖然非常沒有大人的氣度，但開啟了負面模式的馬爾薩斯根本停不下來。在這之後，他把對方壓到無還手之力。

戈德溫說：「只要能實現富裕平等的社會，那些引起紛爭的敗德行為與利己私欲等負面種子就會消失。」馬爾薩斯就回懟他：「人類無法過上豐厚的生活，也不可能無私地和所有人一起分享大自然的恩惠，每個人都會全力防備他人，拚命保有自己的一點點積蓄。況且自利心會蔓延，引發紛爭的種子無窮無盡。」

戈德溫又說：「沒有任何人會做敗德之事，那個世界能依照每個人的希望來分配所需，並且是一個以男女健全自由戀愛為根基的社會。」馬爾薩斯再度出擊批判：「男女自由來往，對配給制度絲毫沒有不安感的社會，真是沒有比這更方便人口大爆炸的社會了。」

後來戈德溫老兄就成了馬爾薩斯日常練拳用的沙包。馬爾薩斯對戈德溫所描繪的理想社會添加了「二十五年內人口就會暴增一倍」（※基於馬爾薩斯人口增加論的一項標準）的發展預想（大哥你饒了他吧）。剛開始一切好像都還算順利，但是到了第二個二十五年，糧食就會嚴重不足。馬爾薩斯的黑暗想像力無法停在這裡，他繼續預測了再下一個二十五年、下下個。僅僅不過一個世紀，戈德溫描繪的理想社會已經被改寫成一個「搶劫殺人成為日常生活的社會」了。（好過分啊！）

戈德溫所描繪的烏托邦論，思慮有欠周到且過度樂觀，很能瞭解那種看到人一廂情願把美好的事都列在一起的煩躁感。我看了也覺得挺煩躁的。但即使如此，也不用花那麼多頁數在這件事上啊！大哥你從第十章到第十五章之間，整整八十五頁都只用來講他的壞話啊！

話說回來，想像「二十五年內人口就會暴增一倍」，就像灑了《哆啦Ａ夢》裡的加倍藥水一樣恐怖。馬爾薩斯用灑了加倍藥水的栗子小饅頭形容每一眨眼就再翻一倍的爆炸性人口增殖，徹底擊潰了戈德溫的理想國夢想。還真是負能量全面爆發！

「你打算怎麼辦？戈德溫，每個栗子小饅頭都會不斷加倍哦。除非把最後一個硬塞進胖虎嘴裡，或是拋棄這個被塞爆的宇宙，不然人類可是不會有未來的哦！」——天啊，馬爾薩斯好可怕！不過這種方式很馬爾薩斯，我喜歡。

Point

認真面對所能預測到將來必定會發生的悲劇，擬定講求務實的具體政策。

3 《政治經濟學及賦稅原理》（*On the Principles of Political Economy and Taxation*, 1817）

大衛・李嘉圖 David Ricardo

對當時在英國社會引起重大問題的「穀物法」採取絕對反對立場。乍看之下能夠保護國民利益的制度有哪裡不對勁呢？績妙的討論鮮明有趣。

大衛・李嘉圖（1772～1823），英國經濟學家，集古典經濟學派之大成者。出身商人世家，14歲就開始操作股票，後來甚至成了下議院議員。

緊盯著「穀物法」的方方面面與地主對立

李嘉圖是繼亞當斯密以來最知名的英國古典學派經濟學家。

說是這樣說，他本來並不是一位學者，而是股市的買賣仲介，也就是所謂的「股票經紀人」。受到從事買賣仲介工作的父親教導，李嘉圖十四歲時就已經對股市十分瞭解，早早開始磨練本領。後來遭到父親斷絕親子關係，二十一歲時正式成為一位獨立的買賣仲介商。

李嘉圖就是從此時開始嶄露頭角，逐步成為英國數一數二的證券商。十九世紀初，爆發拿破崙戰爭（拿破崙企圖統一歐洲而展開的各場戰事）時，李嘉圖下了一個大量「買入」英國政府國債的賭注。這麼做的風險很高，因為一旦成了戰敗國，這些債券馬上就變成廢紙，李嘉圖必然會因此破產。但他把籌碼賭在英國的勝利上，出手金額僅次於超巨大的猶太國際金融資本集團羅斯柴爾德家族（Rothschild）。

結果英國勝利了，李嘉圖也一舉獲得巨大的財富，四十二歲就以人生勝利組的身分退休了。

自股票經紀人的身分退休五年後，李嘉圖成了下議院的議員。二十多歲起受到亞當斯密的《國富論》薰陶，李嘉圖在經濟評論家與股票經紀人兩種身分之外，這次換到政治界發揮他的才能。

當時他最關切的是「穀物法」。此法案內容是限制國外生產的便宜穀物進口到英國。

這個法案的成立，主要是議會裡大半勢力的背後，有來自「地主（Gentry）」們的影響。這邊我們來稍微聊一下地主。

曾施行過封建制（從人民手中收取年貢的系統）的國家，即使制度已經改變，卻還是留下了地主階級。說到近代英國時，常會提起的「鄉紳（Gentry）」，指的就是這些地主了。

諾曼人在十一世紀征服英格蘭之後，形成貴族階級，而鄉紳則是「比那更早之前的英格蘭領主」。在屈服於新的國王之後，雖然無法獲得貴族地位的封賞，但仍然能保有原來的領地，持續以大地主的身分為國王與國家傾力運作著。

他們以「世家名流」身分受到領地人民的尊敬，同時間數量也不斷增加（後來的宗教改革中，國家自教會沒收了許多領地，當時中產階級大舉購買領地成了新的鄉紳），隨著資本主義的發展日益興盛，最後終於在下議會佔據了大半的勢力。

而這些鄉紳們的目標，就是制定出這個穀物法。

為什麼呢？——因為英國在拿破崙戰爭期間，無法自國外進口穀物，使得穀物價格飛漲。「賺錢的機會來了！」當時人們一股腦地投資農業發展，穀物生產量爆增得亂七八糟。結果戰爭結束，國外的便宜穀物又重新開始流通之後，國產穀物的價格當然就一落千丈，農家和地主們面臨危機，認為這樣下去不行，於是企圖限制外國穀物進口。

可是李嘉圖對此抱持反對的意見。事實上，他在擔任下議會議員之前，於一八一五年出版了一本《試論關於低價玉米對股票利潤之影響》（*An Essay on the Influence of a Low Price of Corn on the Profits of Stock*），裡面提到**「地主的利益，經常與社會其他各種階級的利益相衝突」**，正式對地主們發出「宣戰公告」。

因為在他的想法中，**地租（土地成本）提高將導致社會全體的利潤率下降**。

穀物價格升高會造成資本積累不起來?!

從這邊開始是關於李嘉圖代表性著作《政治經濟學及賦稅原理》的內容。

這本書裡，針對地租、黃金、利潤、工資、商品等「各種課稅方式」，以及對亞當斯密人力資本理論的批判、對馬爾薩斯（參照三十二頁）的批評等內容都很有名，但最為重要的關鍵仍然是李嘉圖的經濟學觀點。

也就是所謂的「**李嘉圖經濟學＝『分配』的經濟學**」。

而亞當斯密的經濟學則是「『生產』的經濟學」。也就是很簡單直接的，透過提高生產量來增加國家財富。

然而其中卻缺少了「提高的生產量該**如何分配**」的觀點。不，不只亞當斯密，在雅克．涂爾哥（Jacques Turgot, 1727～1781）、巴蒂斯特．賽伊（Baptiste Say, 1767～1832）等經濟學前人的著作中，對於分配方面的概念也相當稀缺。

但實際上，一定要把人力、機械、資本投入土地才能生產的**「土地作物」，其成果也一定要分回到地租、工資、利潤（以及租稅）**。而且隨著經濟的發展，其分配方式也和以前的時代大不相同。但卻沒有哪家經濟學說著眼在這件事上，這豈不是很不完整嗎？

那麼我們就來考察一下吧！只要瞭解最根本的大問題——「地租」，相信對於增加財富的利潤、對工資（人力成本）的影響，以及其後將面對的課稅、對各階級造成的影響等等，都能迅速理解。李嘉圖是這樣想的，**以地租為主軸，開始架構前所未有的「分配經濟學」**。

首先可以從穀物法的脈絡去瞭解他的理論。

他認為，應該增加資本家的利潤，資本越是積累（擴大工廠、增加生產機械等），商品的再生產就會越有進展，經濟自然也會有成效。

資本積累的過程中，也會需要增加勞工數量，而勞動需求的增高，使用於人力上的資本也會提高。

勞工本身也是一種商品，供應不足的話，價格就會上漲。這是理所當然的供需法則。

人力成本繼續成長，勞工薪資就會超過足夠應付生活的費用（自然工資），於是有能力撫養生育小孩的家庭就會增加，**人口隨之增長，一旦人口增加，對穀物需求必然也會大增**。

在這種時期，如果因為穀物法的存在，導致無法自外國進口便宜的穀物，結果會怎麼樣呢？可以想見的是，農地會依情況的惡化變得不足，耕作區會不得不慢慢擴大，連「新近開發的劣質農地」都投入施作。

在此，我們可以來看看李嘉圖對於「地租」的看法。

如果英國境內全都是肥沃的優質農地，物產豐富到足以供應所有的人口，那麼就不會有地租問題。也就是說，如果能像空氣、水一樣，使用這些「數量無限，品質均一」的東西，並且不受到位置優劣等因素影響的話，土地是不會產生費用成本的。

但現實中土地並非數量無限，品質更是有好有壞。因此，當碰到**人口增加，有必要提高糧食生產量的時候，人們就會被迫開始在品質低劣且位置不佳的邊際土地耕作，這時就會產生土地成本**。

「隨著社會進步，到了要在二級土地進行耕作的時候，地租將會直接反應在一級土地上。而要支付多少地租，將由兩種土地生產力的差額來決定。」李嘉圖如此論述這個問題。

也就是說，當人口增加，光在優質土地上耕作已經不敷供應，必須開始**著手開發劣質土地**時，由於**優質土地的價值相對提高，需要支付地租**。主要就是「因為這邊的土地變值錢了，所以必須付出成本」，這種觀點叫做「**差額地租說**」。

基於這個觀點，**人口越增加，越促使人們進一步開發劣質土地，地租就越是上漲**。因為開發低價值的土地，會使原有耕作地升級為「比差的土地好」，價值當然水漲船高。這樣一來，**耕作者就需要付給地主更高的土地租金，所生產的穀物也必須用高價出售。簡而言之，穀物價格必定高漲**。

再者，劣質的土地由於先天條件不好，耕作困難，必須要投入更多勞力開墾，而這也意味著穀物將會漲價。

一旦**穀物價格上漲，會帶動勞工的薪資提高**。這不是勞工們吶喊「物價太高了，薪水不夠生活，給我加薪！」那類的抗爭成果，而是單純市場的問題。因為**穀物的價格升高，就跟調低勞工的實質工資一樣，當實質工資低於「自然工資」（生存費用）時，人口就會開始減少**。

人口減少，勞動人口也減少，當勞工人數供應不足時，勞工的薪資就會上漲。於是穀物價格上漲的結果，連帶也使勞工的工資跟著調漲。

到了這個地步，**勞工人力成本增加，等於資本家的利潤下降**。他在「投入勞動價值論」（※後面會說明）裡提到，「投入的勞動價值將分配在工資與利潤」、「投入固定的勞動量，生產物品的價格不變」等觀點，所以我們能瞭解到，工資提高時，利潤將相對下降。

但是，當資本家所獲得的利潤減少，資本積累隨之降低，經濟發展就會趨緩甚至停滯。為了避免這樣的發展，李嘉圖大力反對穀物法，主張透過自由貿易購買外國產的便宜穀物比較好。這樣才能夠避免「劣質耕作地擴大」，造成資本家的利潤下降。

不能讓穀物價格上漲的原因

資本家的儲蓄上升
←
勞工薪資調漲
←
人口增加
←
對穀物的需求提高
←
進一步開發農地
←
穀物價格上揚
←
人口減少
←
由於人口減少，為了確保足夠的勞工數量，不得不調高工資，導致資本家的最終利潤減少

資本家的儲蓄降低

順著其發展脈絡看下來，「**地主利益拉高→穀物價格上漲→勞工薪資調高→資本家利潤減少→社會經濟發展停滯**」，就會明白為什麼李嘉圖要緊咬住地主不放了。

因此李嘉圖對地主大肆批判，對自己那位擁護地主、亦敵亦友的朋友馬爾薩斯也大加撻伐。本書下冊最後一章，章名為「馬爾薩斯的地租學說」，李嘉圖在這個篇章中，一方面對馬爾薩斯的成就多方讚許，一方面也懷帶敬意，詳細地批判了馬爾薩斯觀點的缺失。

再者，李嘉圖認為自由貿易不僅是對本國的穀物經濟有好處，對進口國來說也是有錢賺的好事。在這邊提出另一個觀念——「**比較利益法則**」。

比較利益法則是一種國際專業分工的概念。但別誤會了，並不是像「日本比美國更懂得汽車製造，美國比日本更擅長種植小麥，就專心進行自己擅長的

事，然後再來交易吧」這種概念。像這種基於「本國比對手國家優秀（＝壓倒性優勢）」的國際分工，就是亞當斯密的「絕對利益理論」。

李嘉圖的「比較利益法則」是這樣的：

「我的國家，在生產汽車與小麥上都比您的國家來得厲害，相信貴國也有所謂『更懂得生產訣竅的產業』，不如我們各自朝擅長的領域發展，避免硬碰硬吧。」

聽起來很惹人不爽，但現實中確實如此。

根據亞當斯密的論調，如果碰到「我國不管生產什麼都比別人強」的情況，就不能進行國際分工了。但是，**不管哪個國家，都一定有「自己國內相對較擅長」（＝比較優勢）的領域**。那麼就只要選擇後各自發展，兩國都能從中受惠。

李嘉圖提出的就是這個劃時代的國際分工理論。

亞當斯密的人力資本理論哪裡錯了呢？

最後我們來看看李嘉圖對亞當斯密的人力資本理論提出的批判。

「工序與勞力，也就是所謂的勞動，決定了商品的真正價格。價值會浮動的東西，不能成為測定真正價格的尺標。」

李嘉圖所指謫的亞當斯密觀點漏洞

①**生產力＝**不會變動　決定→　**商品價值**

②**購買力＝**會變動　決定→　**勞動價值**

李嘉圖指出，亞當斯密將商品價值與勞動價值（人力資本）混為一談

這是亞當斯密的人力資本理論。而亞當斯密是將人力資本理論混淆使用了，於是便造成左側①和②混用的結果。

①商品價值＝根據該商品「生產」時必須耗費的勞動量決定。

②勞動價值＝根據用來「交易」該商品的東西（如金錢）所能換到的勞動量決定。

在①裡，勞動是一種「生產力」，但在②，勞動是「購買力」。①的情況在今日稱為「投入勞動價值論」，②則叫做「支配勞動價值論」。

但仔細想想，會發現①是完全沒問題的，但②就不一定永遠都正確了。

因為「**勞動價值（人力資本）也會變動**」。

追根究柢，亞當斯密原本的想法是「人力資本是絕對不會改變的，因為製作商品時所耗費的『工序和勞力』是不變的，所以，就算乍看之下它有所變動，但其實變動的是商品的價值，足以購買此商品的人力資本仍然是不變的」。所以他才會把①跟②混淆在一起。

但在**李嘉圖的想法中，他認為勞動的價值是「會改變」的**。只要人力同時也是市場上的商品之一，當然就會受到市面上的人力供需必要性及食物、其他生活必需品的價格等因素影響，價值時高時低地跟著浮動。

李嘉圖點出了這個關鍵，指出亞當斯密在這點上的謬誤。不過，他認同①是對的。也就是認為「以勞動做為測定價值的尺標是正確的，但如果認定人力資本不會變動就太奇怪了」，那麼，這又是什麼道理呢？

他想傳達的意思是，**不可將勞動的價值視為絕對值，而應當看作相對值**。

李嘉圖認為他「完全不知道」有任何東西具有絕對不變的價值，足以用來做為測定的尺標。但確實不管任何商品，生產過程都一定會消耗勞力。所以可以將勞動價值做為一切價值在判斷時的基礎，在測定商品價值時，以當時當下的「相對價值」比對「相對的勞動量」（勞工在生產商品時付出的相應勞力）來測定即可。

就跟對馬爾薩斯一樣，他對亞當斯密也是在抱持敬意的同時，針對亞當斯密考量不周的觀念漏洞逐一詳細指謫，令人印象十分深刻。

《政治經濟學及賦稅原理》絕非一本好讀的書，就算來回反覆思考、前後一一對照，花上許多時間研究都還不一定能搞懂的部分，多到讓人想哭。但如果能多花些時間心思去讀，越讀就越能感受到李嘉圖的腦袋有多聰明，以及他提出的理論是如何縝密，繼而瞭解這本書的完成度有多麼優越。尤其是最後一章對馬爾薩斯的批評，雖然超級花時間，但內容非常有意思。如果有充裕的時間，請務必試著挑戰這本書。

Point

書中對「穀物法」的批判，以拆解因果關係的方式詳細說明單一政策造成的影響，是極具經濟學觀點的思考典範。

4 《經濟表》（*Tableau Economique*, 1758）

法蘭索瓦・魁奈 Francois Quesnay

比亞當斯密更早開始歌頌自由貿易。
深究「富有是從何而生？」的《重農主義》創始人。
本書即是他極具前瞻性的著作。

法蘭索瓦・魁奈（1694～1774），法國經濟學者、醫師。「重農主義」創始人。曾以醫師身分隨侍路易十五。其主要著作《經濟表》是在他 60 歲後才寫成的。

一位名醫為什麼會變成經濟學家呢？

魁奈以法國著名的經濟學說「重農主義」創始人的身分廣為人知。

重農主義的中心思想是──**「國家財富之源在於農業，所以政府應摒棄重商主義，放任工商業自由發展，將主力著眼於農業」**。

他出生的時代和亞當斯密重疊，但略微早一些。也就是說，魁奈比亞當斯密更早就開始批評重商主義，提倡自由放任主義，是一位真正的「經濟學先驅者」。

魁奈的人生經歷非常特別。原先他並不是經濟學家，而是醫生。並且是名氣很響亮的一位名醫，自巴黎大學醫學院完成學業後，發表了許多論文，在外科的地位不斷向上提升，締造出旁人莫及的豐功偉業。由於廣受推崇，魁奈醫生的晚年受邀入住凡爾賽宮的閣樓，擔任國王路易十五的寵姬龐巴度侯爵夫人的侍醫。

醫生生涯如此輝煌的魁奈，怎麼會轉換到經濟學來呢？據說是受到活躍於十七世紀前半的英格蘭名醫威廉．哈維（William Harvey）「血液循環理論」的啟發，連結到經濟循環的構想靈感。

當時的主流想法認為，血液是由心臟和肝臟各自產生動脈血、靜脈血流通於身體，然後被各器官吸收，是一種單行道的概念。但魁奈贊同血液循環的理論，主張血液不是單向行進，而是在體內循環流通，並可以不斷再生。

在這個爭論中，魁奈獲得了勝利，外科醫生的地位與本身名望都節節高升，邁出了成為皇家御醫的第一步。

而魁奈亦想到，同樣的循環現象也在社會中發生。也就是說，社會裡的財富**如同血液一樣，在這個大環境中循環、再生**。那麼這條財富之流的源頭，好比心臟一樣的地方，是在哪裡呢？——魁奈認為社會的財富之源，就在於「進行農業生產的『土地』」。對魁奈來說，**增加財富的途徑唯有農業，而農業所最仰賴的就是土地**。

魁奈雖然是一位醫生，但擁有旺盛的好奇心，讀過的書不計其數，對各種學問都抱有興趣。路易十五還尊稱他為「我的思想家」，在魁奈所居住的凡爾賽宮閣樓中，還有德尼．狄德羅（Denis Diderot）及勒朗．達朗貝爾（le Rond d'Alembert）等多位法國新銳思想家聚集。就在這個環境中，魁奈往下鑽研，完成了幾乎全由他個人自學寫成的《經濟表》，這本書甚至是在凡爾賽宮中的印刷室裡印製而成。

雖然《經濟表》對重商主義大加批判，但它也並非是一本呼籲大家打破體制的「革命書」。讀過就會知道，內容大半都是在分析他設計的「經濟表」及具體範例解說，完全沒有激烈的碰撞感，說白點就是樸實而沒什麼起伏。簡單來說，這本書是他在近距離觀察到波旁王朝的財政變化之後，寫來用於對國王提出解決建議，是一本**追求「由上往下進行改革」**的書。

那麼接著就來看看這本《經濟表》是什麼樣的書吧。

經濟的本質在於農業！

魁奈在本書中主張「**土地是財富的唯一泉源，能增加財富的也唯有農業**」。

總的來說，他認為在所有產業中，**只有農業能有額外的產出**。額外產出的意思就是「把生產出來的東西，扣除所有耗費的成本，多出來那些就是純粹的財富」，魁奈把它稱做「**淨產出**」。

換個方式來說，「**只有農業能夠投入成本之後，產出比既定目標更多的成果**」，事實也是如此。嚴格來看，確實只有農業能夠稱為是「生產」行為。工業則不是。因為工業是將原物料進行「加工」，而不是生產。工業在消耗原物料之後，除了應當的成果之外，最多只能得到附加價值。結論上可看成是兩相抵消，無法有額外的淨產出。

商業也一樣。商業行為完全無關乎生產或加工，而是一種「交易」。也就是把從土地上獲得的A，

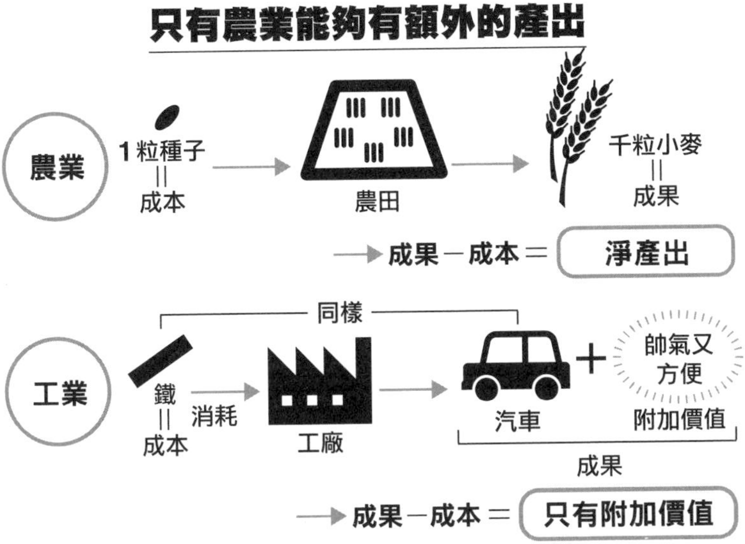

和別的土地上獲得的B做等價交換，並未產生新的、多的東西，所以無法在真正意義上增加財富。

但是農業則別樹一格。只有農業可以把所擁有的東西增殖。雖然農業一樣需要成本，但經由大自然的恩典，一粒種子可以長出千粒小麥。所以在農業上，減去所有耗費的開銷之後，其他部分即為「淨產出」。不僅如此，它還可以像血液循環一樣，不斷再生。總結以上，果然**經濟的本源就是農業，而這就是魁奈的主張**。

魁奈以這個理論做為基礎，將法國人民分為三種階級，由此對國王闡述農業治國的方式。

（法國人民的階級分類）

生產階級：指農民。經由耕作國家土地，經年累月地使財富再生，是國家一切財富的本源。魁奈認為「農民是唯一的『生產者』」。

魁奈提出的法國人民階級分類

生產階級 → 農民＝唯一的「生產者」，國內所有財富的本源

地主階級 → 自農民身上收取地租，吸收財富的階級

非生產階級 → 工商企業等，從事農業之外行業的人民

地主階級：自農民身上把淨產出做為「地租」收走，以此維生的階級。

非生產階級：從事農業之外行業的人民，主要指「工商業者」等。

（對國王提出的建言）

・**重要部分在於讓農業的「流通→分配→再生產」循環系統運作起來。**

・收入的總額全部投入經年累月的循環中，使國內全境的經濟循環活絡化。

・為達到以上效果，必須做到「**不可收取過高地租／不儲蓄**」。

※這兩者都會壓低循環再生產的資金規模，在根本上成為再生產系統的障礙。所以必須停止徵收過高地租，避免導致收支不均衡的破壞性行為。其次，不對產出物課稅，稅收自地主的收入裡抽取。

再進一步，由於儲蓄是從可用來再生產的流通資金或配額中拆分出來，因此也必須加以禁止。

・家畜的增殖（家畜可生產土地用的肥料）。

・讓小戶農家的子弟在家鄉定居／避免農業勞動人口往國外移動。

※如果農村沒有了耕種者，財富也就隨之流失。

・使農民能樂於耕種，樂意為農。

※許多稅務徵收方有如下論調：「必須讓農民過匱乏的生活，他們才不會安於怠惰」。其實完全相反。人是一種會渴望發家致富的生物，如果怎麼努力也存不了錢，勞動意願就會疲勞鬆散。如果想激發他們的活力，樂於勤勉工作，就必須保障他們有所成果。「農民貧，王國亦貧」。

・確保貿易無損失／但不能妨礙農產品貿易。

※農產品是法國重要的收入來源。那就盡量賣出農產品賺錢吧，這是一種「用買賣行為來進行的再生產」。加上農產品的輸出擴大，為整體經濟帶來正面的影響，最後農業、人口、收入都大幅提升。

・統領經濟的重要之處，在於促進「投入農業生產的資金規模＋農產品貿易」。

※工商業的發展相當耗費金錢，對國家來說，卻無法成為財富的泉源。把農業的淨產出累積成國家收益，和商人及製造業者的儲蓄，不可混為一談。因此，**農業必須獲得足夠的保障，而工商業則應放手任其自由發展**。

・政府須致力維持農產品價格。

※維持農產品行情在高水準，就結果來論，對農民、地主、國家都具有正面效果。

・比起節約，政府應專心致力於投資農業。

・開發公營事業。

※投入道路、港口營建等事業，使農產品更易於開發銷售路線及運送，可以有效降低進行商業交易時的成本，也等同於增加了國家的收入。

・盡量整合富裕農民手下的廣大農地進行計畫性耕種。

※農業應以「規模經濟」運作，才能收穫更大成果。

・避免引起奢侈風潮（奢侈和農業沒有任何關聯）。

・政府須避免借款。

※不可讓金融家等金融業者發現「投資國家很好賺」。如果資金都往金融業集中，在農業流通的款項就變少了。

・非常時期的支出，只能用到租稅收入的額度（不可向民間金融家借款）。

・讓地主及其他領主不受其他產業吸引（專心支持農業）。

此外，魁奈為了剛由重農主義復活的法國，還提出了「主權的唯一性及優越性」（在王權制度為前提下，制定農業王國的秩序）及「推廣自然法」（從政者、行政官員，乃至於國民全體，都要學習優良的自然秩序觀念）等建議。再者，他本人對中產階級相當反感，主張想要致富沒有比農業更為優秀、豐饒、舒適、適合人類的行業，它甚至沒有門檻。當時的知識分子沒有誰像魁奈一樣，登高呼籲「應提高農民的社會地位，以及教育農民的重要性」，他一生都堅持擁護農民。

時值十八世紀中葉，英國的工業革命正要開始。仔細想想，英國是工業國，法國是農業國，那麼又有什麼必要一定要走跟英國同一條路呢？但換個觀點來看，**這兩國的發展背後，都是紮根於「自由放任主義」**。魁奈的理論雖然樸實無華，卻極為犀利。真是臥虎藏龍哪。

Point

斷言只有農業是唯一能產生財富的泉源，觀點清楚明快的著作。

5 《就業、利息與貨幣的一般理論》（*The General Theory of Employment, Interest, and Money*, 1936）

約翰・梅納德・凱因斯 John Maynard Keynes

近代經濟學巨擘的大作，內容雖然十分艱澀，卻一舉顛覆了迄今人們信奉的經濟學常識，掀起衝擊力強大的「凱因斯革命」。

約翰・凱因斯（1883～1946），英國經濟學家、官員。20世紀最具代表性經濟學巨人。1919年曾在巴黎和會上擔任英國財政部首席代表，也曾任英格蘭銀行理事等職。

本書艱澀難懂的文筆居然是故意的?!

近代經濟學的巨人凱因斯，終於登場了。

這本書的內容可說極其困難。不但文字硬，講話拐彎抹角，幾乎沒有明確的直述，內容還互相層層交織，非常複雜，別說什麼理不理解了，就算是字面上的意思，反覆讀過後也還是進不了腦子。

老實說，我是真的小看了凱因斯的《就業、利息與貨幣的一般理論》（以下簡稱為《一般理論》）。「反正凱因斯很有名，他大概是怎麼想的，平常在補習班也有在教，安啦！」我竟然曾經抱過這麼大逆不道的想法……。

話說「他大概怎麼想的」跟「凱因斯本人的說明」，根本是完全不同的等級。咦？這是在講什麼？完全看不懂啊?!——我平常大多是在補習班教課空檔讀書，卻幾乎沒有多少進度。舉例來說，第三章「有效需求原理」，我想說也才十頁，打算利用下課時間讀，卻怎樣也無法在三十分鐘裡看完。原本預計在大阪教課空堂間讀完的，搞到行程安排大亂，最後取消課後去喝酒的約，待在旅館花了整整四小時才讀完那十頁。你能相信嗎？四小時都可以看完兩本星新一的短篇小說了。

確實，凱因斯在序文裡有寫「這是一本為了經濟學家朋友們所寫的書」，但沒必要拒人千里到這麼強硬的程度吧。

這本書的難度，連在家專心慢慢讀都沒什麼用，我只能抓破頭皮，頂著兩輪黑眼圈，香菸一包包狂抽地抱著它硬啃，一再地痛心感受自己果然不是凱因斯的朋友。讀這本書期間，我不知道掀桌多少次、昏死在書桌前、用和貓主子玩來逃避現實、泡澡沉思，甚至把全套《火影忍者》都看完了！

我還是第一次碰到這麼難懂的書。不過話說回來，**凱因斯似乎是刻意寫得這麼難懂**的喔。因為面對當時經濟學主流的古典學派或新古典學派，他採取的是「歡迎來戰」、「就怕你不來」的高調挑釁態度，為了要古典學派的經濟學家把這本書「讀到滾瓜爛熟」，凱因斯特地用了不可能快速讀懂的文體來寫作（這是我後來才知道的）。

凱因斯本人在寫作上的造詣其實相當高，十分有文采。書裡有幾個指謫李嘉圖的段落，既雄辯滔滔又飽含文學性，相當精彩。

也因為如此，從「閱讀《一般理論》學到」的東西，我實在很不好意思說，憑感覺大概「勉強在三成」左右。但所幸，凱因斯新經濟學派的重點，在寫書前原本就有涉獵過，我就把這些提要和直接從書中獲得的心得融會為一，在這邊為大家進行介紹。

對過去欠缺普遍性的經濟學當頭棒喝！

首先，這本書的書名叫做《就業、利息與貨幣的一般理論》，大多數的人都會關注在前半段，沒什麼人會注意到後面的「一般」二字。

但**凱因斯特別要強調的，其實就是擺在後面的「一般」**。這是因為**古典學派經濟學理論，都是只能在「某個特殊情況下才成立」**。也就是說**古典派學說欠缺了「普遍性」**。

這種只適用於特殊情況的理論，現實面來說派不上用場。不，就別提有沒有用好了，它甚至是有害的。如果把這類有特殊前提的理論，硬是套用在現實社會的經濟狀態中，這些理論會「誤導他人，釀成災難」。

所以，凱因斯為了批判古典派經濟學家，不惜把普通讀者放到一邊去，選擇優先說服領頭的經濟學家們。

那麼，所謂的古典學派經濟學理論，到底是以什麼樣的「特殊情況」做為前提呢？凱因斯認為，那是「**以『充分就業（full employment）』為前提的經濟學**」。

古典學派的勞力供需曲線如左頁圖。它是以每個人都能自由競爭的前提做為基礎，也就是從「個別

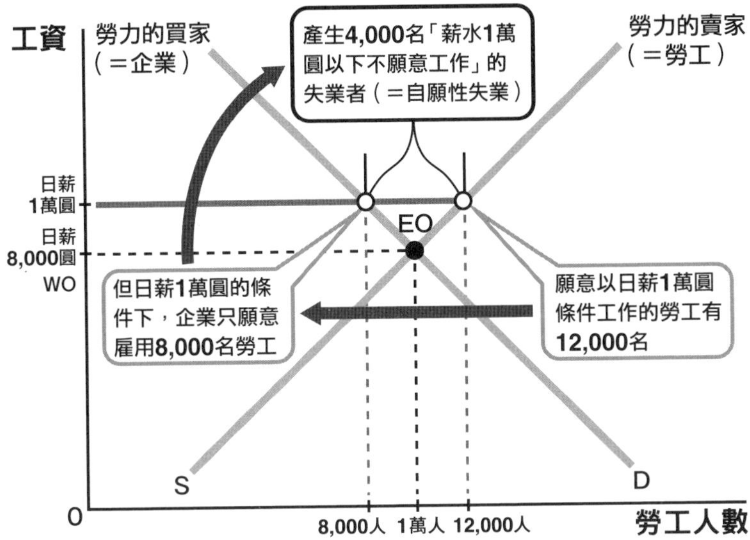

經濟主體」的角度來看待經濟的——微觀經濟學，其圖表顯示為：

每個「勞工」個體的動向＝勞力供應曲線（S）
（即勞力的賣家）

每家「企業」個體的動向＝勞力需求曲線（D）
（即勞力的買家）

※S和D在圖表上都是直線。

如圖所示。當薪資越高時，就會有越多人投入勞動，曲線朝右上發展。而薪水越低，企業雇的人數就會越多，曲線才會成長，往右下延伸。在兩者的交叉點EO處，則產生兩邊恰到好處的平衡點。

此外，從這個圖表來看，比均衡價格「日薪八千日圓」更上方的「日薪一萬日圓」處，想工作的人數整整比企業想要雇用的人數多出了四千人。如果要解釋圖表的結果，意思就是產生了四千位「我不要做日薪一萬日圓以下的工作」失業者。這種失業是一種「自願性失業」。在古典派學說中，失業僅僅分為上述的**「自願性失業」**，以及因勞力供需失衡所造成暫時性的**「摩擦性失業」**兩種。

但這個論調和我們面對的現實社會實在脫節太遠。凱因斯寫這本《一般理論》是在一九三六年。當時世界處於經濟大蕭條，到處擠滿了失業人口，每個人都在為了今天的麵包錢煩憂不堪。在這種關頭，要是還有「除非日薪調到一萬日圓，不然我要罷工」的人，那人絕對會被恐怖的神明大人痛揍一頓，再用草蓆捆起來丟掉，「這傢伙是不是餓到腦袋都壞掉了啊？那種時候，誰不是只要能夠拿到一家四人勉強餬口的八千圓日薪就歡天喜地的工作去了。」

也就是說，**現實社會中有許多「非自願性失業的失業者」**。這個問題卻沒有出現在古典學派的勞力供需曲線上。到底是哪裡出了問題？

這是由於古典學派經濟學家的著眼點，都是放在一位一位的勞工個體身上。分析勞工個體動向的微觀視點，在分析整個勞動市場時，不管怎樣都會變成在關注「勞工個體的狀態」。這種邏輯，一開始就會導向「只關注勞工」的路線，排除了無法加入勞工行列的失業人口其狀態與動向。確實，古典學派的勞力供需曲線，在因薪資而改變的數量上，只標示了「勞工」。

但**凱因斯的角度是宏觀的。雖然微觀確實是一種觀點，但只要活在這個競爭的社會，基本上要看的還是「整體經濟結構」**。所以在分析勞動市場時，必須以「整個勞動市場」的眼光來看。縱觀全盤後，

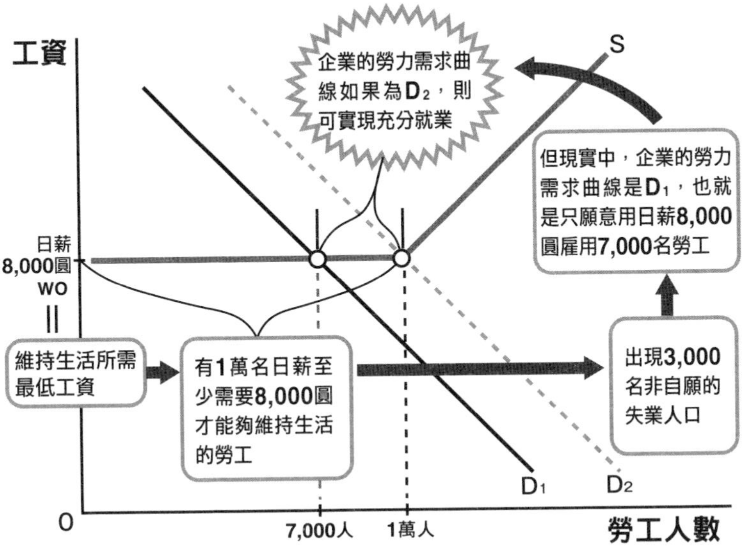
工資
企業的勞力需求曲線如果為D2，則可實現充分就業
S
但現實中，企業的勞力需求曲線是D1，也就是只願意用日薪8,000圓雇用7,000名勞工
日薪
8,000圓
WO
||
維持生活所需最低工資
有1萬名日薪至少需要8,000圓才能夠維持生活的勞工
出現3,000名非自願的失業人口
D1
D2
0
7,000人
1萬人
勞工人數

必定會發現到角落裡有一群「想要工作但無法獲得工作機會的失業人口」。而這就是以往所遺漏的「非自願性失業」。

同樣以圖表來表示，即如上圖。

圖表中的WO，同前一張圖表是日薪八千圓。先假定這是「勞工生活所需最低工資」。由於是最底限，不會有勞工以低於此金額的條件工作，所以這個金額在勞力供需曲線中是水平橫向發展。

根據上面這張圖表來看，願意以八千圓條件工作的人有一萬名。而企業方的勞力需求如D_1曲線，也就是想以日薪八千圓條件雇用七千人。這麼一來，落點就比本來理想中「充分就業」均衡點D_2的目標（在日薪八千圓的條件下讓一萬人得到工作），少了三千人。這三千人便是「願意以八千圓的條件工作，但卻沒能得到機會的失業者」，正是前述的非自願性失業者。

在古典學派的理論中，徹底遺漏了非自願性失業者的存在。對於在經濟大蕭條中為了找一份餬口工作而痛苦不堪的人來說，就像是在傷口上撒鹽——「你們這些人，是想用罷工談調薪吧？根本就是自己找死，才在這裡鬧著不肯工作。要我來分析的話，你們這種自己不去工作的，就叫做『自願性失業』啦，自作自受。」像這種與現實脫節的錯誤結論，只會招來人民的憤慨。

降低失業人口的兩大關鍵

那麼，想要消除非自願性失業人口，到底需要做什麼呢？——凱因斯的答案就是「**增加有效需求**」。**有效需求**（Effective Demand）**就是「具有實質購買力的需求方」**。

有效需求和一般人所謂的需求是不一樣的。一般說的「需求」，大多是一種「我想要這個，我想要那個」的「想要的心情」。舉例來說，日本現在想要智慧型手機的人增加了，就等同「目前日本對智慧型手機的需求提高了」。可是不管有多少人想要它，如果「實際上沒人真的去購買」，對智慧型手機的生產就不會有任何活化效果。手機廠當然也就不可能多雇用員工了。

所以真正必要的是「**我想要手機，我要去買」，也就是會實際去行動的需求**。

這才是擴大企業雇用人數上不可或缺的，一種對生產製造業的命脈——「市場需求」，能夠發揮出效果的「有效需求」。

有效需求大致分為兩種：**消費需求**（家用支出）**以及投資需求**（**企業支出**）。整個製造業的經濟由於有上述兩種實質購買力支持，製造出來的商品才能順利流通。

也就是說，有效需求的大部分目標，都是由企業來負責生產。而生產的商品售出後，其貨款將會透過勞工薪水或利潤形式成為個人家用費及企業家的財富，當他們身上有錢可以購買商品，就等於擴大了有效需求，進而增加企業雇用人數。持續良性循環，不斷擴大有效需求，最終可以讓社會上不再有人非自願性失業，達到「充分就業」的成果。

但是，有效需求裡的消費行為，包含了一種矛盾的特性。縱觀整體來說，**當人們所得水準提升的同時，用於消費行為的金錢比例卻會慢慢下降**。

事實上也確實如此。假設有某個以年收五百萬日圓條件生活的四口家庭，年收來到一千萬日圓的時候，通常不太會有人把所有錢都花光。雖然說不是沒有特例，但至少花光光並不是社會「整體經濟的傾向」。一般來說，大概會再多花一百萬日圓稍稍奢侈一下，其他剩下的錢就轉為「儲蓄」。

總所得中用於消費部分叫做「**消費傾向**」，而增加的所得用於消費部分則是「**邊際消費傾向**」，隨著**人們的所得上升，邊際消費傾向就會遞減，也就是有效需求反而是下降的**。

此時，還有另一邊翅膀可以期待——「**投資**」。因為「**消費＋投資＝有效需求**」，**消費需求冷下去的部分，如果能使勁地拿去投資，就能夠達到充分就業**的結果。況且在進行投資時，是拿原本要「用於儲蓄」的部分，把沒辦法投入消費裡的死水轉化為有效需求。再加上投資具有「**乘數效果**」，**邊際消費**

傾向越高，投資將能形成原資金好幾倍（確切來說是「1除以（1減邊際消費傾向）」倍）以上的所得。可說是好處多多。

但在背後，投資也不是全都只有好事。

企業在決定投資量時，看的是「資本邊際效率」和「利率」。資本邊際效率（Marginal Efficiency of Capital, MEC）指的是「這筆投資預期能收穫到的收益比例」，凱因斯認為，當資本邊際效率和利率相等時，便會選擇進行投資。

然而，**預測資本邊際效率是相當困難的事**。因為企業在投資生產時，除了要購買足以長期使用的機械，還必須做出「長期銷售預測」，既然都說是長期了，代表這份預測的「不確定性」很高。因此在現實中，很多投資比起帶有不確定性的預測，企業家們更傾向憑自己的**動物直覺**（在這裡是代表熱血、野心、直覺判斷等）來做決定。

短期性的股份投資，則完全沒有所謂的未來收益期待性。這類投資場合裡，沒有誰會去考慮長期的銷售預測，每個人都只盯著眼前自己能拿到多少好處而已。這時不管是專家還是一般外行人，比起想出「最正確的答案」，他們更熱中於互相刺探「其他人打算怎麼做」。就像是聚在一起**八卦選美比賽的第一名會是誰**似的。

結果這些企業雖然會訂出長期預測，但誰也不知道以後會怎麼樣，便不會去調動這份預測。也就是說**資本邊際效率是不太會變動的**。

那麼，**決定投資規模的大因素就是看「利率」**了。利率同樣也是會浮動，具有不確定性，而人們一方面抱有藉由利息來賺錢的心態，同時又因為各種擔憂，有著「把現金留在身邊的念頭」。這就叫做「**流動偏好**」。

舉例來說，當利率升高時，流動偏好就會下降（＝比起保有現金，賺利息更划算）；利率低時，流動偏好就上升（＝比起聊勝於無的利息，還不如保有現金的交易便利性）。這表示，市場的**利率高低，取決於人們的流動偏好高低以及貨幣的供應量**。而一旦**利率定下來了，就能決定投資的規模大小**。

但到了這個階段，又有其他投資相關問題來了。其實就跟邊際消費傾向一樣，投資也是會遞減的。為什麼呢？因為隨著社會發展越加完整，能夠進行投資的項目也就慢慢變少了。說到頭來，世界正是因為日漸豐饒富足，導致消費行為與投資標的跟著減少，又形成了新的非自願性失業人口。凱因斯將這個問題稱為「**富庶中的貧困**」。

干涉市場的方向建議——不景氣時就盡量撒錢吧！

追根究柢，如果全交由市場機制自動運作的話，構成有效需求的消費與投資行為只會慢慢減少，非自願性失業也就不可能消解。看起來可說是無路可走。那麼，這個問題到底該如何解決呢？

凱因斯在面對這個問題時，提出了一個劃時代的建議——「**政府介入市場干涉不就好了**」。

簡單來說，就是**政府策略性調低借貸利率，政策性地進行投資（推動開發公共事業）**。一旦利率調低，除了企業的投資將會提高，人民的流動偏好也會提高，現金留在身邊就容易進行消費。消費行為增加，代表儲蓄金額會減少（會影響對企業的投資意願），但這只要政府中央銀行增加貨幣供應就行了（為此應廢除以保有黃金數量來決定能供應多少貨幣的金本位制度）。

即使來自民間的投資變少了，由政府接手投資就沒問題了。如果**「已經沒什麼東西可以開發投資了」，乾脆蓋一座金字塔都行**。或者把寶藏埋到財政部的地底下，再雇民間企業幫忙挖出來也行。古代埃及也是採取同樣的做法，哪怕檯面上看起來只是浪費的公共事業，同樣能發揮出使社會經濟富庶起來的效果。

只要政府持續活化消費與投資市場，製造業將會活躍起來，企業也隨之蒸蒸日上。接著就會出現新的勞工需求，非自願性失業的人口降低，距離「充分就業」的目標也就更近了一步。這就是凱因斯經濟學。

凱因斯所提出的論述，是一種史無前例的劃時代構想。因為不管是個人或國家，一般碰到失業人口激增的大蕭條，每個人都會很本能地感到「糟了！不節儉點怎麼行」。但凱因斯卻是──「**糟了！政府趕快來撒錢製造有效需求啊！**」提出如此與眾不同的點子。

這可以說是徹底顛覆了以往的認知。因此人們將之稱為「**凱因斯革命**」。

閒談幾句，我在飽受凱因斯折磨的時候，非常偶然地在書店看到了由山形浩老師（經濟學類書籍的翻譯家）所編整撰寫的《重點概述凱因斯之就業、利息和貨幣的一般理論》（POT出版），受惠良多。能夠把凱因斯的《一般理論》整理成這麼紮實又易懂的重點整理，實在太厲害了。這本書有多厲害，就只有前面讀到哭出來的我最懂了！非常推薦各位一讀。

Point

不景氣時所需要的並非「節約」，而是在市場上大量「撒錢」！

6《政治經濟學的國民體系》（*The National System of Political Economy*, 1841）

弗里德里希・李斯特 Friedrich List

在對英國的貿易中，為了守護德國而奮戰！
高唱國家配合本身發展階段來制定經濟政策的重要性，
在當時歐洲諸國一面倒向自由放任的風氣間，一石激起千層浪。

弗里德里希‧李斯特（1789～1846），德國經濟學家，圖賓根大學教授，曾當選立憲議會的議員，後遭政府逮捕，流亡美國。其後以美國外交大使身分回到德國，舉槍自盡身亡。

主張配合德國現況進行貿易保護政策理論

李斯特是德國歷史學派經濟學大師。

歷史學派是從對英國古典學派的反動中誕生，其本身立場並不認同將單一學說普遍用於各國的做法，**認為應該重視該國的歷史背景及國民的特殊性，每個國家都應該以個別的角度來做考量**。

李斯特出生時，德國還未成為「統一的德意志帝國」，反而像是日本的戰國時代，整個地區由三百個以上的邦國組成，要經過彼此的領地，會有各種商品關稅問題。

於是德國當時最大的邦國普魯士王國主導成立了「德意志關稅同盟」。當時普魯士王國的經濟主要施行由容克（Junker）貴族世家（即大地主）支配的封建制，因此農業特別發達。而普魯士王國為了讓自家的農作物能以便宜的價格外銷，將關稅同盟的關稅率設定得特別低。

而因為關稅特別低，便宜的英國工業製品大量流入德國。這下可不妙了！當時的德國由於仍採封建制度，農業雖然發展得不錯，但工業可就慘不忍睹了，而他們其中卻有一部分人盲目信奉亞當斯密的《國富論》，德國如果一味放任自由貿易，整個市場都會被英國吃乾抹淨。

此時李斯特**「寫了《政治經濟學的國民體系》，開始推廣貿易保護理論」**。首先李斯特提出了一大前提——「兩國國民之間的文化發展大相逕庭，因此兩者間的自由競爭，是在彼此工業發展狀態幾乎相同時才有益處」。接著他又極力提出，國民經濟的發展應分為**「未發展→畜牧→農業→農工→農工商」五階段**，比起英國的農工商業，德國仍落後在農工業（開發中國家）階段。為了保護德國相對於英國還在幼稚期的工業，政府應暫時採取關稅保護等產業保護政策，同時傾力拉抬德國進入農工商業開發，以期早日能和英國以對等的姿態進行自由貿易。

對當時一面倒地歌頌自由放任主義的歐洲來說，李斯特這番言論可說引起軒然大波，他的現實生活也不甚順遂。由於他不斷奔走鼓吹讓分裂的德國在經濟上採取統一立場求取進步，以至於一生受到奧地利（和普魯士王國同樣是最大邦國之一）首相梅特涅（Metternich）的迫害，一路流亡至法國、英國、美國等地。最後終於在身心疲憊不堪及經濟的壓力下，以手槍自殺身亡。

7《理論經濟學要義》（*Elements of Pure Economics*, 1874）

馬利耶・艾斯普利・里昂・瓦爾拉斯 Marie-Esprit- Léon Walras

價格會因商品的稀有度及消費者的滿意度而上下浮動。那麼，有哪些要素能夠讓所有的商品及市場價格保持在平衡狀態呢？

里昂・瓦爾拉斯（1834～1910），法國經濟學家，在瑞士洛桑大學任職教授，是洛桑學派的鼻祖。

試探經濟的「均衡點」

瓦爾拉斯是被定位在「新古典學派」分水嶺上的經濟學家。新古典學派雖緊跟著古典學派登場，內容卻是大不相同。名稱雖然很像，但考量的邏輯從根本上就不同。哪裡不同呢？——相對於古典學派重視的「生產與分配」，**新古典學派是以「交易」做為重點**。也就是說，新古典學派是針對商品交易的地方——市場，傾力加以分析。

瓦爾拉斯則是在分析市場之前，先進行「價格的分析」。究竟價格是因為什麼原因而上下浮動呢？在這裡要提到的是「**邊際效用理論**（Marginal Utility）」。「效用」代表消費者經由消費後所得到的滿足度，而「**邊際效用」則是消費後從「最後追加的消費中所獲得的滿足度」**。邊際效用會隨著消費量的遞增而減少（＝邊際效用遞減法則）。這是一定的，第一杯啤酒當然是好喝得要命，但連續灌了三小時，最後一杯喝下去也就只是小便的原料罷了。

不過，這是碰到像啤酒這類可以喝到飽的東西才能這樣舉例，假設是像寶石之類的高價品，貴到只能買一個的時候，由於是單一次、一個的消費，其邊際效用就是最大值了。由此可知，**影響價格最大的要素就在於該物品的「稀有度」，正是稀有度和滿足度的共同影響，造成了商品價格的漲跌**。這是和古典學派人力資本理論完全不同的新觀點，登場後被稱之為「邊際革命」。

好了，現在知道價格漲跌的來龍去脈，接下來要說到價格的訂定。價格是由市場上的商品「交易」來決定，但這邊要提到的是瓦爾拉斯的「一般均衡理論」。

在單一市場進行的商品交易叫做「**部分均衡**」。但仔細想想，光是單一市場的狀態決定不了價格。舉例來說，女生為了情人節大量購買巧克力，巧克力缺貨時，價格就會不斷上升。這樣一來，原本喜歡巧克力的人只好轉而購買傳統日式甜點，結果造成甜點的價格也高漲。偏偏這時民眾因為吃太多日式甜點生病了，都擠到日本第一的甜點病治療醫院，導致醫院周邊每天都人滿為患，只好加開電車班次、增設車站，也有新的計程車公司成立，交通擠到馬路得拓寬，醫院越蓋越高，附近商家爭相搶客，人多到一個程度，終於連黑社會都結幫組黨了……漸漸地影響到其他商品的價格。

市場就是在這樣互相關聯、互相影響的狀態下運作。並且，**在這些相互依賴的市場中，每個商品都一定有一個所有市場都同時達到均衡（保有一定的平衡）的「均衡點」**——這就是瓦爾拉斯的「一般均衡理論（General equilibrium theory）」。

8《經濟學》（*Economics*, 1948）

保羅・安東尼・薩繆爾森 Paul Anthony Samuelson

現代經濟學的幕後巨人，進行學說論述時幾乎完全不使用算式，
使用圖表及圖說也十分細心體貼，
為暢銷全球的經濟學著作。

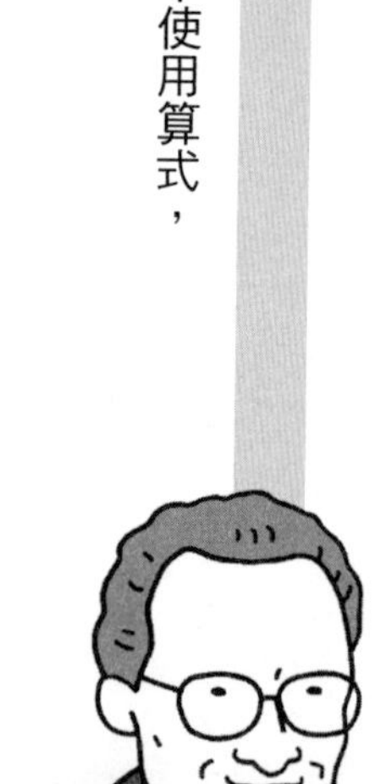

保羅・薩繆爾森（1915～2009），美國經濟學家。麻省理工學院榮譽教授，他將凱因斯經濟學與新古典學派統整為一，於1970年獲頒諾貝爾經濟學獎。

不用算式而用語言親切說明的經濟學

薩繆爾森是現代經濟學「幕後巨人」。雖然他沒有劃時代的新發現，但他對既有理論的重建與分析手法（尤其是將範例單純化及活用數學），打開了一條新的康莊大道，為經濟學整體的發展，締造了莫大的功績，於一九七〇年獲頒諾貝爾經濟學獎。

這位經濟學家的定位，被稱為「新古典綜合學派」。這個學派比起經濟理論，更在乎「政策方針」，就像是「**景氣蕭條時，採取凱因斯式的財政金融政策，以充分就業為目標。等到經濟情勢回穩了，就改回原來的自由放任主義**」。也就是說，**以新古典學派的立場來統合總體經濟學**（Macroeconomics）**與微觀經濟學**（Microeconomics，**或稱個體經濟學**），並大量採用「數學」分析局勢走向。也正是因為薩繆爾森，「數學」才成了解析經濟學的不二工具。

在這個背景下，薩繆爾森在二戰結束至第一次石油危機之間（即傅利曼「新自由主義路線」抬頭的期間），運用從他手中復活的新古典學派理論，為各國的政策立案帶來巨大的影響。

而對於經濟學人來說，對薩繆爾森的印象，毫無疑問地就是「教科書」。他的著作《經濟學》正是以「世界銷量最高的經濟學教科書」廣為人知，是全球銷售超過一千萬本的超級暢銷書。

這本書非常厲害。首先是圖表仔細到恐怖的程度，就算是第一次接觸的人也能放心學習。圖說也超級具體又好懂。就拿「生產物市場」的幾個具體例子來說，講到「玉米的價格／醫療／搖滾演唱會／披薩的價格」時，底下都會附「玉米田地的地租／醫生執勤時數／演唱會場地租金／外送車的行駛里程」等相關的「要素市場」資料。再也沒有比它更好懂的教學方式了。

另外，這本書不但會把「做什麼、也就是、為了什麼」講得一清二楚之外，**最了不起的是「幾乎沒有出現算式」**。薩繆爾森在經濟學上掀起數學革命後，在教科書教學上居然不使用算式！把用算式能更快交代完的事情，改以文字來詳細講解原理，實在是太體貼了。

但相對地，這本書的分量可不是普通驚人（範例全部用文字語言來說明，也就難免了），書分成上下冊，基本上都是大學筆記本尺寸的「鐵啞鈴」。這種等級，要「帶在身邊通勤時看」有點不可能，大概從池袋站搭到新宿站的距離，手就斷了。有時間的人，可以在家慢慢念，這本著作的完成度非常高，讀起來收穫可期。

9 《政府論》（*Two Treatises of Government*, 1690）

約翰・洛克 John Locke

勞動的成果將成為施行勞動者的東西，也就是產生「所有物」。而貨幣則用以保存該勞動成果的價值。

在政經類的講座課堂，洛克是被分在政治類，但這裡我們要看的是洛克的「經濟相關面」。所謂洛克的經濟相關理念，就是「**勞動產權論**」。用第一人稱來說明就會很容易理解。

「我所住的這個世界，是神賜予全人類的共同持有物。但我所擁有的只有我本人而已。那麼，我的勞動成果，像是剛從田裡拔出來的蘿蔔，應該可視為屬於我的東西吧。因為它是我投入勞力才收穫的蘿蔔。也就是說，**經由我的勞力，這個蘿蔔從人類的共有物，轉變為我個人的所有物**了。但如果勞動成果很多，來不及吃完就會爛掉，違背了神的美意，所以我把蘿蔔拿去**換成錢**，**以此保存勞動的成果**。這並不違背神的教誨。」

於是，就像他擁有自己和蘿蔔的所有權一樣，別人也有別人的所有權，不可彼此侵犯。但因為人很容易犯錯，不做點什麼的話，保護不了彼此的所有物產權。而為了保護各自的所有權，人們最後組成了國家。這就是洛克的想法，其後他也把這種理念帶到了政治上。

約翰・洛克（1632～1704），英國哲學家、政治思想家。提出的思想以英國經驗論為代表，其政治理念對美國獨立及法國大革命影響甚鉅。

10《管理行為》（*Administrative Behavior, 4th Edition*, 1947）

賀伯・亞歷山大・賽門 Herbert Alexander Simon

世上不可能有人能夠完全依照經濟學教科書行動。本書說明人類的合理行為具有限性，並研究實際上企業該如何決定其組織結構。

在經濟學教科書裡，常會看到買賣雙方為了利潤和效益各自考量，依照理論採取最合理的行為。但真的有這種人嗎？為了讓利益最大化，總是選擇最適合的計畫行動，即使遇到意外情況也絕不妥協，心思不隨環境起舞，把面對困難也當成「分內工作」，冷靜地跨過障礙，專注達成目標。這種好比是經濟學骷髏13的人，哪可能存在啊！（譯註：骷髏13為日本漫畫人物，冷酷熟男殺手。）

整個圈子都是教科書裡寫的那種人，經濟學才可能是一種可計算的「科學」。但實際的問題在於，現實社會裡沒有這種人。沒錯，**人類的行為合理度是有限的**。賽門把這種現象定義為「**有限理性**」。

企業等經營組織，正是這些「理性有限」的人們的集合體。那麼，要怎麼做才能把這個充滿缺陷的組織營運起來呢？賽門的《管理行為》，正是研究如何**克服每個人的有限理性，做出企業組織整體觀點上的決定**。和以往講究合理性的經濟學截然不同，賽門的《管理行為》更貼近於現實，也因此他在一九七八年獲頒諾貝爾經濟學獎。

賀伯・賽門（1916～2001），美國政治學家，研究領域涵蓋經營管理、資訊科學。曾任伊利諾理工大學教授、卡內基美隆大學教授等職。

11《民主財政論》（*Public Finance in Democratic Proces*, 1967）

小詹姆斯・麥吉爾・布坎南 James McGill Buchanan, Jr.

不管是多麼無懈可擊的經濟學理論，必然還是會受到政治情勢左右。政治與經濟本就緊密結合並互相影響。

布坎南（1919～2013），美國經濟學家、財政學家。任喬治梅森大學教授等職。1986年獲頒諾貝爾經濟學獎。

比起經濟學家，稱布坎南「財政學家」更恰如其分。他開拓出「公共選擇理論」這個新的領域，在一九八六年時獲得諾貝爾經濟學獎。

公共選擇理論是一種以「經濟面觀點來分析政治」的理論。布坎南的趣味點在於，他把議會、官員、施壓團體、有權勢者等政治舞台上的角色，比做市場經濟那些「行為合理的操盤手」。也就是說，政治家在政壇上也像商人一樣，為了保障各自的好處（選舉或所在部門的利益），採取利己的行動。如果無視這個前提，一味去提倡經濟面的合理行為，終究解決不了問題。比方說，凱因斯提出「不景氣時，政府就算去借錢也要把錢撒給民眾。等到景氣恢復後，再從增加的稅收中回收」，但嚐過錢從天上掉下來的甜頭後，民眾怎麼能接受調高稅率呢？真敢這樣做的話，政治家鐵定會吃到更大的苦頭。**說到頭來，凱因斯的想法就算在經濟面行得通，卻不具備「政治家」願意去實行的條件。**

在民主社會中，不顧及選舉風向，連政治本體都無法成立，而沒有政治體系，經濟結構也無法成立。

12 《贏家的詛咒》（*The Winner's Curse*, 1992）

理察・塞勒 Richard H. Thaler

以心理學的角度來解析經濟學，
將會發現許多非理性的選擇結果，
並將人類社會的經濟行為歸納出模式。

理察・塞勒（1945～），美國經濟學家。芝加哥大學教授。專業為行為經濟學。是2017年諾貝爾經濟學獎得主。

塞勒把經濟學與心理學完美地統匯貫通，歸納出一套新的「行為經濟學」，並因此榮獲二〇一七年諾貝爾經濟學獎。**行為經濟學是一種以心理學的角度嘗試去解析經濟學，並將人類的不合理行為加以歸納出固定模式的學說。**

傳統經濟學裡，經常設定出一個行為完全理性的市場參與者，但實際上，人類常會做出很不合理的選擇。舉例來說，明知道把現在的房貸轉成其他貸款專案，在利息方面有很多好處，但因為銀行行員過度積極推銷、手續繁雜、專案多到懶得選等，最後就不改了，房貸就這麼扔在那裡。

那麼碰到這種人時，只要「簡單」提到有這個專案，不「過度干涉」他的想法，就像「用手肘碰碰他」的感覺，稍稍推一把就行了。介紹時用「換成這個專案，會比現在划算很多。而且月底前完成手續的話，額外還享有百分之零點五的優惠」的態度去說明就夠了。由於**塞勒將經濟學和心理學統整起來了，讓我們在做有關金錢方面決定時，多了一個夠說服力的判斷基準。**

13《總體經濟學》（*Macroeconomics*, 1992）

尼可拉斯・格里高利・曼昆 Nicholas Gregory Mankiw

新興凱因斯主義學派的領頭者，
論述中少用算式，多以具體例證來解說。
以初學者奠定基礎來說，是必須要竭力去接觸的金玉之作。

曼昆是新興凱因斯主義學派領導人，二十九歲受聘為哈佛大學教授，二〇〇三年受布希總統邀請擔任美國經濟顧問委員會主席……但不管這些頭銜多厲害，**說到曼昆，果然還是想到「經濟學課本」**。

他為經濟學系學生編寫的教科書《總體經濟學》極為暢銷，被翻譯成多種語言在世界各地流通。據說他就是用這本書的稿費及版稅蓋了間大房子。我所看的入門篇（東洋經濟新報社出版）是從他撰寫的這本教科書中，摘選出較入門的基礎部分精錄而成。

我讀了之後，覺得內容結構仔細易懂。經濟學相關的教科書，大多都從一開始就塞滿算式和各種艱澀字眼，非得硬啃才念得下去，**但麥昆並不想讓初學者負擔太重**。「這章是要學什麼」、「這個詞是什麼意思」、「盡量少用算式」、「舉出更多具體範例」等，他全都盡力說明到讓讀者一讀就通。

此外整體非常樸實，沒有特別趣味性的表現，個人雖然較喜歡史迪格里茲的風格，但**曼昆寫的課本更有「好好學一定能懂」的氣場**。十分推薦。

格里高利・曼昆（1958～），美國經濟學家。哈佛大學教授，新興凱因斯主義學派代表性學者之一。曾任美國經濟顧問委員會主席一職。

第2章

瞭解經濟發展及自由主義的13本名著

人類真的能掌控經濟嗎？

14 《通向奴役之路》（*The Road to Serfdom*, 1944）

弗里德里希・奧古斯特・馮・海耶克 Friedrich August von Hayek

自亞當斯密以來，一直身為「自由放任主義經濟之子」的英國，逐漸也蒙上了「計畫性經濟」的陰影。經濟學大家海耶克最為擔憂的「毒」，其真面目到底為何？

弗里德里希・海耶克（1899～1992），奧地利經濟學家，歷任倫敦大學及芝加哥大學教授。1974年獲頒諾貝爾經濟學獎。

海耶克看到的英國危機是什麼呢？

《通向奴役之路》是海耶克寫給英國人的一本**「警告之書」**。

咦？可是海耶克不是二十世紀極具代表性的「自由主義」擁戴者嗎？他要警告英國人什麼？這是怎麼回事？英國人是引領十九世紀工業革命的亞當斯密的子孫，也可以說是「自由放任主義經濟之子」，海耶克究竟要對這樣的他們提出什麼警告呢？總不會是不管自己跟對方的立場，對他們說「前輩們，請更自由一點吧！」什麼的，未免也太扯了。

事實就是這麼扯。海耶克正是為了要說服英國人「自由的重要」，而在第二次世界大戰即將結束的一九四四年寫了這本《通向奴役之路》。為什麼呢？——現在講起來可能大家都覺得無法置信，**但當時的英國吹起了一股「社會主義式計畫性經濟」的巨大浪潮**。

在那個時候，世界各國對社會主義的警戒遠遠低於現在。這是因為社會主義國家的歷史還很短，各國都還不太熟悉他們的真實狀態。所以，現實中蘇聯雖然是「不人道的政治高壓國家」，許多知識分子光憑社會主義的理論及思想宣傳，就將其認定為「運用理性及科學克服了貧窮的理想社會」。

再加上當時針對經濟大恐慌而施行的「計畫性經濟策略」廣受讚揚。也就是美國的**「羅斯福新政」**時期。

美國在一九三〇年代進行了可說是在實踐凱因斯理論（應該說是社會實驗）的「羅斯福新政」。其實施內容就如大家所知道的，**政府主動介入市場經濟，也就是一種有計畫性的經濟策略**。自亞當斯密以來，一直將「市場須保持自由放任狀態」奉為常識的經濟學家們，對政府的做法可說是極為意外，但也大受震撼。加上凱因斯正好是英國人，因此計畫性經濟在英國的評價一飛沖天。

而且很大部分的影響也來自於當時普遍認為「法西斯主義和社會主義是完全相反的思想」。兩者雖然同樣採取計畫性經濟策略，但法西斯是瘋狂到震撼全世界的德國體制，另一個是和英國同陣營的蘇聯體制，要推崇哪一邊，連想都不用多想。

推波助瀾之下，當時的英國就這麼掀起了「社會主義的理想型」、「史無前例的計畫性經濟」風潮，知識分子爭相追捧蘇聯的科學信仰，鼓吹英國也應該導入科學的計畫性經濟。

一九四二年，英國工黨發行宣傳手冊《舊社會與新社會》，提倡戰後英國應往「不要再回歸無計畫的競爭經濟／計畫性生產是民主主義的基本／基礎生產設備國有化／維持農工業制度／阻止利益爭奪戰」等目標發展。而同年發表的**威廉・貝佛里奇報告書**——《社會保險與相關服務》（*Social Insurance and Allied Services*），提出「**從搖籃到墓地**」為口號的完整社會福利制度，描繪出一張「福祉之國・英國」的美好願景。種種因緣際會，讓英國人對計畫性經濟的期待漲到最高點，每個人都把它看成拯救英國戰後經濟低迷不振的「萬靈丹」。但**海耶克先眾人一步看穿了法西斯主義與社會主義具有的強烈共通特質，**就算乍看之下是相反的，海耶克也**已經注意到兩者其實都是「極權主義的變種」**。

極權主義是一種「個人的思想及生活都應當順服於國家利益之下」的思想。在極權主義中，國家的要求優先於所有人民的個人喜好及意願。為了確保權力，國家會使用各種手段剝奪個體的選擇自由。如果**計畫性經濟策略和極權主義是成套的，對英國來說，別說是萬靈丹了，根本就是恐怖的「毒藥」**。這股浪潮所展現的未來，並非一條「邁向希望的道路」，而是自由將被扼殺的「**通向奴役之路**」。

為了喚醒受到毒花毒草的妖異色彩魅惑的英國人，海耶克心急如焚地寫下了這本書，因此這是一部以「解毒劑」身分誕生的書。

那麼，接下來我們就透過本書來看看海耶克的主張吧。

英國之所以流行起社會主義的原因

在二戰結束前沒多久，英國陷入了計畫性經濟的風潮。因此，戰爭期間所形成全國一條心式的中央集權體制就這麼保留了下來，並且做為戰後復興的助力動了起來。可是，那儼然是過去德國走過的路。沒錯，英國正在走上過去德國曾經犯過的錯。

英國原本曾是「自由放任主義經濟之子」。拜工業革命之賜，獲得傑出的生產力，使他們在競爭市場上無人能敵。對英國人來說，「自由競爭等於自己一定會得到壓倒性勝利」，人們都在那份自由帶來的繁華中陶醉不已。

可是進入十九世紀後半，自由主義卻漸漸蒙上了陰影。強勁的對手國、國內的貧富差距、欲望無窮的野心……人們開始想要改善這個社會。然而自由主義的基本原則是「最大限度放寬社會的自由力量，將限制壓縮到最小限度」，政府的任務則是「最低限度的必要性輔助」，這種做法自然無法馬上得到劇烈的改善效果，人們因而逐漸累積怨言。

「自由主義對過去的英國是必要的，但對今後的英國來說卻不必要。不僅社會發展停滯，總是仰賴過時的理論也不是辦法。不要再沉浸於過去的輝煌成績，往前邁進吧！英國還能夠開創新的歷史。為此需要新的理論，以科學帶動發展，那我們就應該切換為標榜『科學』的社會主義」──人們陸陸續續開始抱持這樣的想法。

再加上差不多的時期，同樣是十九世紀後半，德國做為開發中國家，國力一層層地快速往上升，這個事實也讓所有人無法忽視。英國人認為這是俾斯麥首相以來實行社會主義政策的功勞。**「奉行自由主義的英國走下坡，施行社會主義的德國如日東升」，這個現實狀況，讓英國人更加堅信「自由放任主義**

已經過時了」。

就這樣，英國人忘記了昔日自由主義帶來繁盛時代之恩，轉而將它汙名化，「自由主義只不過是把追求個人利益的自私正當化，是過去強盛時期留下的可恥遺產。怎麼能再繼續信仰那種野蠻又陳舊的思想……」，每個人的心都飛到散發嶄新魅力的社會主義和計畫性經濟那裡去了。

可是，人們究竟為什麼如此簡單地就想換上計畫性經濟呢？為什麼能夠這樣毫不猶豫地選擇放棄自由呢？

資本主義所指向的「自由」和社會主義的目標「平等」是不可兼得的。因為人民如果能自由活動，社會必定會進入競爭狀態，貧富差距（不平等）是不可避免的結果之一。也就是說，如果想要所謂的平等，就必須有一個強權來壓制人民的自由。這種切換明明就如此可怕……。

事實上，當時大部分的人根本就不認為選擇社會主義代表著捨棄自由。因為這個切換的概念，被巧妙地以文字包裝起來，製造出**「新的自由」**一詞。

他們的意思是，**以往的自由主義是「自專政下獲得自由」（打倒暴君後在權利方面得到的自由）**，**那麼社會主義就是「自貧窮中獲得自由」**。

確實，財富是邁向自由的第一步。這麼想的話，利用計畫性經濟得到足夠的財富，可說是一種「自由的實現」。但這除了要完成一個不負責任的未來承諾——「實現擁有巨大財富的社會」之外，想要從貧窮中解放所有人民，最終目標就是和過去沒什麼不同的「將財富『平等』分配」。

但當時的知識分子卻運用了「自由」這樣的字眼，積極宣傳這條明顯和自由相反的未來道路。這完全不是什麼「通往自由之路」，而是「通向奴役之路」。只是一場騙局，別無其他。但他們並非有意欺騙人民。**連他們自己也真心相信「社會主義是自由主義族譜下發展出來的理想國」，對於自己已踏上「通向奴役之路」毫無所覺。**

計畫性經濟具有致命的缺點

隨著時間過去，各種真相慢慢地浮出水面。

陸續有觀察法西斯主義與共產主義的人，發現兩者間許多要素「驚人地相似」。他們開始懷疑這兩種主義會走向「類似思想路線下的同一個終點」，也因此，好不容易才終於對社會主義展現出批判的立場——

「社會主義並非通往自由之路。」

「社會主義不可能透過民主的方式達成。」

「馬克思主義的本質即為法西斯主義。」

「導入計畫性經濟或獨裁的原理後，目標的多樣性必然成為統一性。」

……等等意見開始浮現。

連大家都熟知的杜拉克也對此提出指摘：「在以馬克思主義實現自由與平等的信念與期待完全崩潰之後，俄羅斯終究也不得不走向極權主義之路。……**當明白共產主義只是幻想之後，所將要面臨的就是法西斯主義了。**」

然而，在英國仍然有很多人相信「社會主義能和自由主義共存」、「法西斯主義和共產主義是完全相反的思想」。而海耶克為了要說服這些執迷不悟的群眾，一再地說明自由主義和社會主義根本上的差異。

他認為，社會主義所追求的是「**擴大社會正義或平等與保障**」，為了達成這個目標，**具體的方式是「廢止民間企業／禁止生產技術屬於私人／導入中央極權的計畫性經濟策略」**。許多自稱社會主義者的人，只專注於終極目標（理想的平等），熱烈支持這個思想。但有關注到「具體方式」的人，感受到這些手段將會威脅到自己原有的價值觀，大多會拒絕認同。但即使如此，支持社會主義及其手段的人還是非常多。

其中在自由主義者和社會主義者之間，最常引起爭論的就是「**訂定計畫的方式**」。自由主義者認為的計畫是「政府應準備好健全的環境，讓『每個人都能自由訂定最合適的計畫』」，而社會主義者則認為「所有人民的個人活動，都應該遵循政府的設計圖，接受政府的管理和指導」。

從這裡可以明白，**海耶克並非拒絕政府介入。**雖然很容易受到誤解，但他所追求的自由主義，是建立在「政府最低限度介入」條件下的自由主義，絕非「一味排除介入」。也就是說，**他所追求的是能夠**

提供「有效介入」的計畫者，整備出健全的競爭環境，讓每個人的努力都能導出理想的成果。在這個目標前，**必須具備的是「為了競爭而訂定的計畫」，而不是「阻止競爭的計畫」**。海耶克批評社會主義所謂的計畫就是後者。

其後他也詳述了計畫性經濟的弊病。像是普遍認為的「為了避免權利被壟斷，計畫性經濟是必要的」這一論調，在海耶克看來也十分可疑。

確實，大企業不斷壟斷各種技術革新的成果，會導致產業受到單一權力支配的情況，但是這種壟斷要是發生在「資本主義高度發達的國家」並非奇怪的事。然而最早出現這種壟斷情況的，卻是當時產業還未臻發達頂峰的美國和德國。這表示，**現實社會中的壟斷行為，和產業發達的程度無關，大多是由國家在背後推波助瀾的「計畫性意圖」**。畢竟如果是民間企業的壟斷行為，政府只要強制發動「反壟斷法」，即能恢復成原來健全的競爭環境。

另外，他也認為**「由極少數人進行決策」的經濟操盤方式令人擔憂**。因為說到社會主義國家，不就是由共產黨最頂端的少數人在掌控一切生死嗎？

就算這些人並非像北韓金正恩那樣不講理的獨裁者，而是一些品性高潔的理想主義者好了，亦不可能訂定出能夠符合所有人價值觀的計畫。這也代表現實中的計畫性經濟，終究只是強制性地壓迫大多數人民服從勞民傷財的計畫，置國民於水深火熱，讓人們忍不住想大喊：「搞什麼東西？這種策略到底對誰有好處啊?!」

計畫性經濟的末路

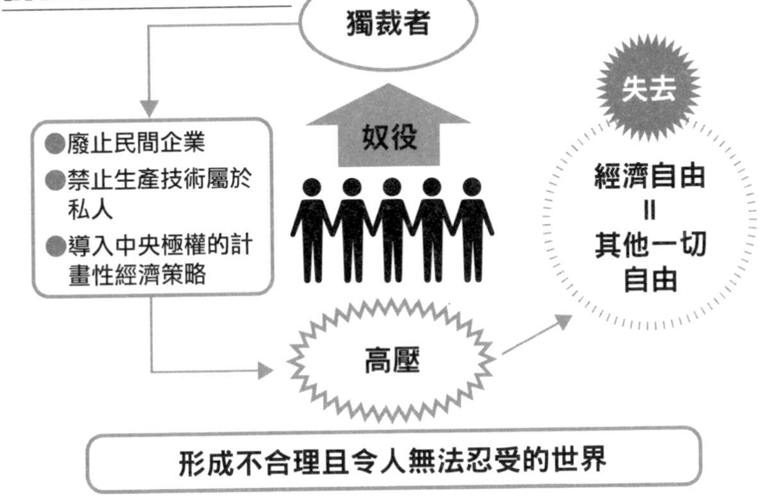

而在與民眾的衝突之間，無法體會民眾的處境，又深覺吃力不討好的理想主義者們，不知不覺間成了「握有莫大權力的危險分子」，對於遭到反對憤慨不已：「少在那邊對我們的決策挑毛病！」心胸逐漸狹窄起來。一頭熱的理想主義者們，轉眼間就會變成狂人。就這樣，計畫性經濟帶來的終究是極不合理、誰都受不了的世界。**海耶克追求的計畫，並不需要一位「全知全能的獨裁者」，而是一種能夠彼此進行調整的方法。**

此外，海耶克也指出了計畫性經濟和民主主義相違背的部分。幾百萬人的幸福和福祉，怎麼可能用一個「單一標準」來界定呢？計畫性經濟為了達到單一目標，必定會無視各種其他意見，偏重專家意見，而輕視民意、議會或多數表決結果，計畫細節也無法經由意見來做調整。這絕非民主主義的範疇。總結一切，計畫性的社會必定會走向「獨裁」體制。

再者，**計畫性經濟也會威脅到「法律的權威」**。

政府的一舉一動，和人民同樣受到預先訂好的法律規範所限制，而計畫性經濟跟「預先訂好的法律規範」非常容易相衝突。

計畫性經濟是以「個案處理」為基本的體制。為什麼呢？因為任何計畫都不可能完全依預期順利進行，實際執行時，會反覆循環「什麼不夠就補上什麼」的程序。而且不管是哪種需求，都必須以政府的需求為優先。導致**政策經常受外在狀況左右，比起公訂的原則，「控局者的裁決和衡量」更加優先**。這代表控制局面的人已成為法律的一部分，而人民早已經沒有自由。

人能保有自由，靠的是「經濟能力」

看到這裡，相信讀者也明白，計畫性經濟是在剝奪人們經濟活動上的自由。有些人會以為——「如果只有經濟受控制，其他個人自由或政治自由都保留，不就好了嗎？」這種想法是錯的。**失去了經濟上的自由，也會失去其他一切自由**。

計畫性經濟為了降低貧富差距，把勞力的報酬從錢換成其他「非金錢報酬」，像是授予勳章、特權，配給住宅、提供休假、旅行、教育資源等。但是在這個世界上，只要手上沒有錢，就代表失去了行使自由的權利。

仔細想想，**金錢「並非目的，而是手段」**，不管手上握有多少錢，這些鈔票或財寶，既不能吃也不能住，也沒辦法帶你去想去的地方，但只要有錢，這一切都能夠做到。

也就是說，**金錢能夠讓人做想做的事、得到想要的東西，是一種讓人能夠自由做選擇的力量。金錢是這種力量的媒介。**

而計畫性經濟是將錢全部收走，在人進行勞動後，提供相應的食物、衣服、住宅等等。如此**雖然還是能夠活下去，但卻沒有選擇的自由**。不能決定自己想什麼時候休息，買東西也不能由自己決定，更沒有選擇職業的自由。為什麼呢？因為在計畫性經濟的原則裡，並不包括職業的選擇，而是一切都必須以「發揮出最大的效率」為準則。

為了讓所有人能看清這一切，海耶克對正要放棄眼前美好的「自由主義傳統」的英國民眾，竭盡力氣不停地敲著警鐘。

雖然海耶克這個動作在當時受到相當激烈的反彈，但在看到他的預言一一實現之後，如今所有人都明白社會主義國家就是高壓極權國家了。而海耶克也在一九七四年獲頒諾貝爾經濟學獎，恢復了他應得的名譽。

他的徒弟傅利曼曾表示，這份諾貝爾獎「救了海耶克一條命」。這句話有兩層意思：一是諾貝爾獎的獎金適時幫助了正貧困交迫的海耶克；另一個意思則是，諾貝爾獎的肯定讓**海耶克的「自由至上主義（Libertarianism）」終於得以復甦**。

以諾貝爾獎為轉捩點，海耶克的評價徐徐上升，一九九一年時受美國總統布希頒發「總統自由勳章」，後於翌年去世。

Point

「計畫性經濟」是一種剝奪人民經濟力的制度，失去經濟力就失去了自由，絕對NG！

15 《經濟發展理論》（*The Theory of Economic Development*, 1912）

約瑟夫・阿洛伊斯・熊彼得 Joseph Alois Schumpeter

資本主義一舉改變了舊式社會的結構系統，
並藉由「創新（Innovation）」不斷引領向前。
然而，構成了資本主義的「企業家」卻已欲振乏力?!

約瑟夫・熊彼得（1883～1950），奧地利經濟學家。曾任切爾諾夫策大學、格拉茨大學及波恩大學教授，並曾擔任奧地利財政部長。後移居美國，就任哈佛大學教授。

創新是突發性的！

說到熊彼得，他是以「**創新理論**」聞名的人物。他所撰寫的《經濟發展理論》將他的想法毫無遺漏地傳達出來。

對他來說，比起外在環境變化等因素，**經由創新帶來的激烈市場變化才是刺激經濟大幅發展的主要原因，這也是資本主義的本質**。

在熊彼得看來，所謂的「發展」是一種「自發性變化」，也就是說，經濟是由經濟體內部自行「創造」出來的。

例如，某個開發中國家成了已開發國家的殖民地，天然橡膠產量急增，造成國內生產毛額（Gross Domestic Product, GDP）上升，這並不是熊彼得所說的經濟發展。遭受到外部衝擊而被動式的經濟成長，只是單純「被捲入外在環境的變動中」而已。人口增加或財富的增加等等，也同樣是外來原因造成的經濟成長。根據發展的「條件」，界定是屬於發展或不屬於發展。

如果**把一般的經濟循環視為「靜態」，那熊彼得指的發展就是「動態」**。靜態是生產及消費行為在同一規模中進行循環，動態則是原先的靜態產生的變化。熊彼得所說的發展／動態，指的是整個**經濟體自原來的經濟循環中「變更了軌道」**，並且這個變更並非朝均衡移動，而是經濟體的「均衡狀態在移動」，換句話說，就是國民經濟體中**至今以來的重心朝別的重心移動的「轉換」理論**。

而且這變化是「**某一天突如其來**」的。這種「非連續性變化」也是熊彼得創新理論的特徵。也就是說，持續依循舊有的做法，無法催生創新。與過去相同的做法，帶來的是「連續性變化」，而連續性的變化只是「均衡的靜態」罷了，並無法獲得資本主義的「動態（Dynamism）」變化。到最後，**創新只能經由前所未有的全新構想才能夠引發**。這就叫做「突發性產物」。

這種自發性的非連續性變化，是由**「企業家」**所引發的，企業家即是創新的實行者、負責人。

說起來，消費者那端幾乎不曾有過打破固有的靜態，突然爆發出劃時代「新的欲望」的前例。大多數場合都是**由製造者這端「培養人們的新欲望」**，主動促成。舉例來說，二〇〇七年開賣的 iPhone，其便利性無人不知。但在一九九七年時，會想著「哎呀，好想要一台觸控平板攜帶式作業系統」的人，應該一個也沒有吧。因為在消費者中沒有人想到這種點子。後來透過蘋果公司，培養出消費者對於智慧型手機的新欲望，才成了暢銷商品。

創新

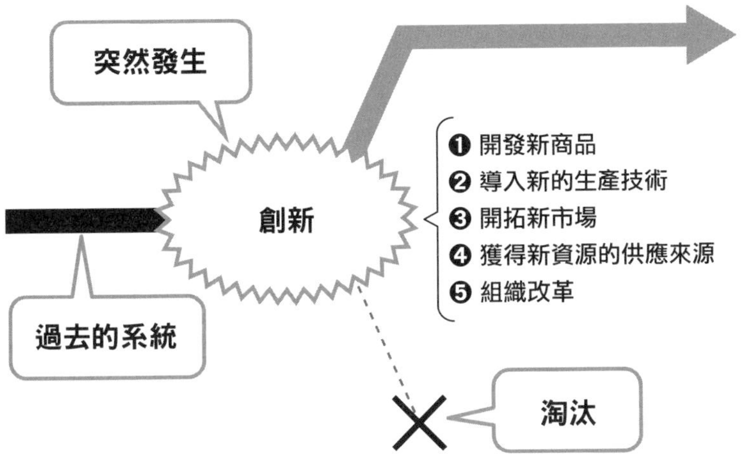

再者，如果把單純的生產製造行為，看作靜態中的「物與力的結合」，那麼**創新就是「非連續性的『新結合』」**，這才是熊彼得所認為的「發展」。

那麼，他所說的「創新（Innovation）」究竟是什麼呢？——它是**「生產製造出新的東西」或是「將既有的東西以新的方式生產製造出來」**，以下舉五個例子做為說明：

①開發新商品（前所未有的東西，像是電腦、智慧型手機等商品）。

②導入新的生產技術（在所屬產業中是新的技術也算）。

③開拓新市場（同樣地，在所屬產業中是新的就算）。

④獲得新資源（原料）的供應來源。

⑤組織改革（形成新的企業結構）。

此外，熊彼得一再反覆強調，在創新裡「**新結合會和舊有的東西『並行出現』**」。也就是說，新結合的產物並不是「舊有物變化而成的新款」。舊有物並不具有足夠的力量創新。就像驛馬站的老闆，沒有能力建設鐵路。就結果來說，新結合是透過新產物在興起時將舊有物淘汰，因為社會地位大洗盤應運而生的。

他還這麼說，「**能導向發展的新結合，並非『增加新的生產方式』，而是『從舊結合中奪取生產方式』**」。

這是當然的，負責促成新結合的角色是「企業家」，而不是資本家，不可能一開始就擁有生產技術。不管是多麼雄心壯志地著手開創新事業，只要身上不是背負著必須消耗的過剩勞動力（即失業者）的話，不太可能開闢一間新的工廠。那麼最好的方式就是從舊有生產系統中「奪取（即收購）」。熊彼得形容為「新結合的實行過程，代表著將現存的生產方式移為己用」。

推動創新的企業家角色比想像中更辛苦？

這樣一來，浮現了一個問題：資金問題。

雖然是老生常談了，企業家並非資本家，所以沒有資金。就拿剛剛驛馬站的老闆做例子，就算他對鐵路業沒有概念，但如果真的要做，還是可以把經營驛馬站至今所賺的錢拿出來當資本。然而企業家非但沒有錢，他們還需要有「信用」，也就是必須對外申請貸款。說得白一些，「有才華也還是要借得到錢才能成事」。

說到借錢這個問題，世界上現存的貨幣大多用在舊結合中了，沒有能夠移來投資新結合的資金。那該怎麼辦呢？——熊彼得在此特別強調銀行的「**信用創造**」。

信用創造（Credit Creation），指銀行將收進來的款項（存款、還款）借貸出去，反覆循環之下，就能夠運用原本的資金，將市面流通的資金擴增好幾倍。在這裡省略詳細說明，但總之是一種「鍊金術」，是銀行為了因應沒有資金供做新結合之用，所特別想出來的一記妙招。

雖然可以從舊結合那邊轉移生產方式，但資金本身卻無法移過來（總不能搶錢吧）。那麼，為了讓新結合順利成功，消費者的購買力是必須的，此時只能靠銀行「無中生有」。這時，**銀行從購買力的仲介者，搖身變成「購買力的生產者」**，**成了這個關係鏈中唯一的資本家**。

那麼這些所謂的企業家們到底在追求什麼呢？

如前所述，企業家是「新結合的實行者」，也就是負責促成創新的角色。但這又回到一貫的結果，「企業家並不等於資本家」。再進一步地說，企業家甚至不是一種階級或職業，只要能夠促使新結合誕生，不管是老闆還是精英，或是一般小員工都無所謂。

不過，企業家卻需要擁有**強大的領導力**、**深遠的洞察力**、**堅韌的意志**等特質，因為想進行新結合，將會面臨下列三個障礙：

承擔創新重任的角色

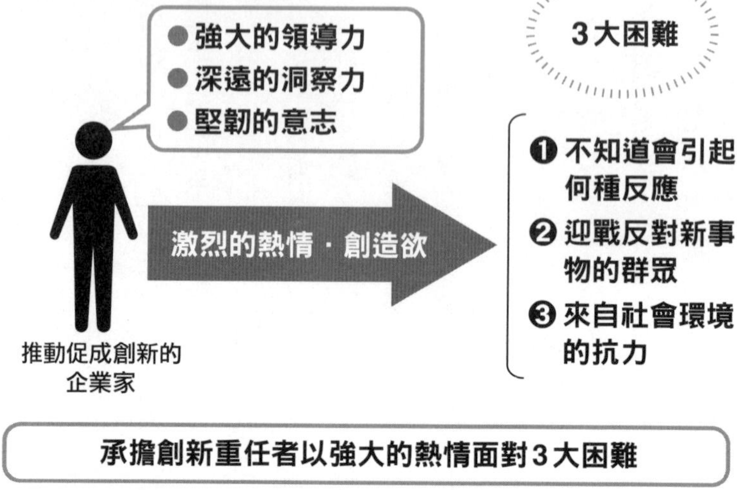

①不知道會引起何種反應，但不得不繼續往前邁進。

②必須正面迎戰反對新事物、想回歸原先例行軌道的人群。

③來自社會環境的抗力（法律、政治性迫害、對不合群者的彈劾等）。

跨越這些障礙後，人群才變得能夠接受這些新的習慣，而下次也同樣需要企業家們再度帶來更新的練習。這就是「指導者行為」，也是領導新結合的企業家們的重要任務。也就是說，**企業家必須要擁有「對他人的影響力」**。

典型的企業家，對自己的行動是否將帶來甜美的果實並不太在意，只管埋頭創造。他們的原動力來自「強烈的求勝意識」，將經濟行為看作運動比賽之類的東西。富裕並非他們的目的，而是一種「成功的證明」。

他們僅運用信用、意志力、行動，就改變了現存既有的生產方式及用途，使這項產物發揮出更適當且有效的功能，並獲得成功。這就是熊彼得所說的「實行新結合」。

「企業家不驕傲則事業無法久長」

最後提一件可怕的事，熊彼得也說過：「**在創新之後，不景氣將隨之而來。**」當新技術受到世人的熱烈追捧，在熱潮過後等著我們的，就是供應過剩帶來的不景氣。

但他**把不景氣視為創新後「必然的反彈」**，並認為解法就是「任其自由發展」，也就是交由市場的自然治癒力。因此就算碰到市場蕭條，也不需要循凱因斯的主張去創造有效需求。因為如果反彈是「必然」的發展，那麼交給市場的自然趨勢，資本主義必定會往正常的發展方向靠攏。

熊彼得認為**創新並非理性下的產物，而更像是「戴歐尼修斯的產物」**。戴歐尼修斯（Dionysus）又名巴卡斯，是希臘神話中的「酒神」，意指戴歐尼修斯象徵「刺激的、令人陶醉的」，這樣的形容也被用在尼采的哲學中。

簡單地說，「這種研發，不知道預算過不過得去耶……」被無聊的理性所閹割過的我們，是無法催生創新的。**無法用理性壓制的創造欲、無法用語言來說明的執著心，以及激烈的熱情，才是創新的原動**

力所在。

設計出蘋果公司旗下各種產品的史蒂夫・賈伯斯（Steven Jobs）曾說過「偉大的產品，只可能出自熱情的開發者之手」——這句話，正是創新之子們會說的話。

但根據熊彼得的理論，如賈伯斯一樣成功的企業家，雖然取代已經沒落的舊有經營者的社會地位，但未來他們也會被更新的企業家們所驅趕、超越。引述一句熊彼得的原話：「社會高階層就有如飯店旅館，雖然人聲鼎沸，但總是不同的人來了又去。」

有句話說「驕兵必敗」，在這種層面卻是「不驕傲則事業無法久長」，這也正好點出了創新的「難以捉摸」。

Point

舊有的發展系統和非連續性突如其來的創新，都是由資本主義所支撐。

16《資本主義與自由》（*Capitalism and Freedom*, 1962）

米爾頓・傅利曼 Milton Friedman

提倡「新自由意志主義」與「最小政府」。
這位芝加哥經濟學派的巨人，
甚至對雷根及柴契爾夫人等世界大國領導人造成遠大的影響。

米爾頓・傅利曼（1912～2006），美國經濟學家，芝加哥大學教授。於尼克森總統時期任智囊團角色。為芝加哥經濟學派重要人物，1976年獲頒諾貝爾經濟學獎。

貫徹自由主義即能使社會良好地運轉

二十世紀的經濟學除了凱因斯之外，還有另一位巨擘——傅利曼。

如果說前半個世紀是凱因斯的天下，那扛起後半個世紀的就是傅利曼了。**兩人的學說正好展現出資本主義的兩個相反面貌**。

凱因斯講的是「修正資本主義」，傅利曼則是「**新自由主義**」。凱因斯以「大政府（政府權威巨大）」影響了羅斯福，而傅利曼提出的「**小政府**（縮減政府影響力）」則影響了美國前總統雷根與英國柴契爾夫人。

就知名度而言，凱因斯的名號更響亮。這是因為凱因斯的理論「不景氣的時候，政府更要出來帶頭花大錢」，是當時的人所無法想像且前所未有的新觀點，並受到各國政府採用。也就是說，凱因斯是在思想及政策方面都留下廣大名聲的巨人，「不景氣時，只要政府發行國債經營公共事業或社會保障，就能創造出國民的有效需求」，現今已是無人不知。

相對地，傅利曼在思想面上並不如凱因斯那麼新穎。

他的思想是以老師海耶克（參照八十七頁）的「自由主義」為基礎，新鮮是挺新鮮的，但並不到「凱因斯革命」那種石破天驚的等級。但是傅利曼思想**在政策面的影響，絕對足以和凱因斯匹敵，同時也是今日全球化趨勢加速的主要原因**。

傅利曼在一九六二年出版了這本《資本主義與自由》，在撰寫當時，由於正值「凱因斯經濟學就是對的！」時代，這本書並未獲得太大的注目。但隨著時代的變化，風向也不停在換，這本被埋沒的名著才終於獲得世人的肯定。

它受到重視的原因在於「**事實的沉重**」。一九七三年的石油危機，引起全球停滯性通貨膨脹（不景氣＋通貨膨脹），無法用凱因斯經濟學來克服，就連知識分子心目中的希望之星——中國和蘇聯，也明顯陷入危急狀態。這個情況下，國民對已經臃腫不堪的一言堂政府升起了不信任感，翹首盼望一個與現行截然不同的思想來拯救社會。

在這種時候，自海耶克以來堅守自由主義血脈的芝加哥大學，以「**芝加哥學派**」開始受到矚目，終於在一九七六年，學派領頭人物傅利曼獲得諾貝爾經濟學獎的肯定。

那麼就讓我們來看看，在這本《資本主義與自由》中，傅利曼的思想究竟為何物。

本書以批評甘迺迪總統就職演說中的一段精彩內容開始，而那段話是：**「不要問國家可以為你做什麼，你應該要問自己可以為國家做什麼。」**

對傅利曼來說，這段演說內容和自由人民的理想實在差太遠了。真正的自由，人民根本不用去想國家能為自己做什麼，也不用去想自己能為國家做什麼。他們只需要**守護自己所擁有的自由，思考「運用政府能做些什麼」，讓所有人都背負起自由所伴隨的責任**。

政府是「保障人民自由的必要『工具』」，絕不能成為「威脅人民自由的組織」。權力的集中，對人民的自由會形成威脅。再加上「大政府」，進一步壓垮了能給人民帶來安全感的「社會多樣性」，所以我們必須對政府的權力加諸限制，不得不分散其權力。

在現在的美國，使用到「自由主義（Liberalism）」一詞，有時候與其原本意義完全相反。原本的自由主義，是以「為了成就個人的自由，應政策性縮減政府的裁量權，並確保議會制度，經濟上對內採取自由放任主義，對外則採行自由貿易」做為目標的思想。但近年來，卻有一群人自稱「自由主義者（Liberal）」，認為「福利與平等是自由的前提」，支持國家出手干涉。

傅利曼對於這些破壞自由的人假藉自由主義之名，而原來那些自由主義者卻被稱為「保守派」的狀態，感到十分憤怒。因此書中「自由主義」一詞都以原來的意義使用。

「喂喂，別把政治和經濟攪成一團好嗎？政治歸政治，經濟歸經濟，根本是不同的東西。政治上讓國家來保障社會福利，經濟體制還是讓大家自由選擇，不就沒問題了嗎？」有些人這麼認為。然而傅利曼完全不這麼想。

他的理由是，**能夠保障政治自由的經濟體制，就只有市場經濟，也就是競爭型資本主義**。換句話說，正因為經濟能夠自由發展，經濟力才能成為無法從政治切割的權力之一，同時形成足以壓抑政府權威的一股力量。

再加上傅利曼指出，經濟的自由也和保障思想自由及排除歧視有關。簡單來說，就是**「什麼都能用錢解決」**。

比方說，想把自己的主義、主張用書本或廣告方式推廣到全世界，只要準備足夠的廣告費或引人興趣的書本就行了，出版商或廣告代理商認為「有賺頭」，自然會樂意將它們推廣到社會上。或是想要更大的權力，那就對議員或政黨投以政治獻金。這麼一來，議員會把你的訴求透過法律具體實現。就算是因為「紅色恐怖」而從公職被驅趕出去的共產黨員，在自由市場還是能得到工作，只要所得和勞力能夠平衡就好。

政府應在市場經濟遊戲中擔任仲裁角色

如前述，**本身不具人格的純市場經濟，也具有能夠保障社會少數派（如共產黨員）的一面**。「因市場而產生歧視」的說法是個大誤解。

「可是，動輒牽連幾百萬人的經濟活動，如果任它自由發展，真的還能加以調整嗎？」有人為此感到擔心，但這不成問題。

經濟形態的調整，並不需要像頒布政令一樣，由政府高層以強權下達命令執行。也可以「個人自發性的交易，互相幫助」的方式進行。

市場就是這樣的系統。**在自由市場中，雙方在掌握足夠資訊下所進行的自發性交易，能夠為彼此都帶來利益**。只要瞭解這一點，那麼市場經濟就算沒有政府強行介入，也會經由每位市場參與者自發性的交易，引導市場往正確的形態調整。

「但這意思是說根本不需要政府了嗎？」──這倒不是。**政府的角色，在制定市場經濟的「遊戲規則」上，是不可或缺的**。

也就是說，傅利曼跟海耶克一樣，並不屬於劈頭就認為不需要政府那一派。他們也曾聲明過「貫徹理念的自由主義者，絕對不是無政府主義者」。而是主張政府干涉人民的權力應降到其擔任角色的最小限度。

只是說到這個層面上，就會出現「不應該由政府來做的事」。傅利曼具體地舉出十四個項目（參照次頁所列），明確點出這些都是政府沒有理由插手的事。

政府在這幾十年來，打著「充分就業」及「經濟成長」的旗號，冠冕堂皇地對市場經濟進行干涉。確實，市場是不安定的狀態。任其自由發展的話，總會因各種原因反覆在景氣與不景氣間往返。那這時

政府不應當涉及的事

1 保障農產品的收購價格
2 進口關稅或外銷限制
3 農產品生產限制或原油產量控管
4 統一物價、房屋租金及工資
5 勞工最低薪資或商品的價格上限
6 對企業行動加以干涉
7 規範廣播電台及電視台
8 現行的社會保障制度（如年金等）
9 各種事業類及職業的證照
10 對公營住宅或住宅建築提供補助
11 例行徵兵制
12 國家公園
13 以營利目的禁止郵政服務
14 道路收費

是不是就應該讓政府來介入了呢？——傅利曼對這種想法的回答是否定的。

他認為，一九二九年的世界經濟大恐慌，並非是市場經濟的不安定所引起的效應，而是因為政府所設立的**「聯邦準備制度（Federal Reserve System, FRB）」（也就是美國的中央銀行制度，如同日本的日銀）對應措施不良所引起**。

在經濟大恐慌之際，引起了讓銀行出現資金缺口的「擠兌騷動」，存款人紛紛湧向銀行。身為中央銀行的美國聯準會應該立即打出停止銀行存款不斷釋出並增加貨幣供給量的牌，但它卻什麼也沒做。當銀行陸續倒閉時，它仍然什麼都沒做。到了金本位制崩壞時，為防止黃金流出，明明正處於不景氣，卻硬將利率調高。可說一錯再錯，全盤皆錯。

由於聯準會的對應措施不當，當時美國人年所得一舉降到四年前的一半，物價則跌到了三分之二。結果這波長達十年的經濟大蕭條，正是因為一個組織大權在握，加之判斷錯誤的情況下，導致全世界成了慘之又慘的實驗場。

傅利曼反對「中央銀行獨立性」的原因，也在於此。

如今美國經濟成長仍不斷受到來自政府的政策妨礙。關稅及其他貿易壁壘、沉重不公的稅法、物價與工資的統一、數之不盡的限制條款……這些如果都成了經濟成長與安定的障礙，那麼現在需要做的，就是降低政府對經濟市場的干涉。

威脅人民自由的，是來自人為的「衡量」

那到底要怎麼做才能讓經濟安定下來呢？

傅利曼給出的建議是「**穩定的貨幣結構**」。只要能制定出穩定的貨幣制度，責任由政府負擔，並伴隨權力限制，排除不相干的公權力介入，就能避免政府權力結構不斷臃腫化，威脅到人民的自由，經濟也才得以安定。

但是，如果我們把傅利曼期望建立的制度做一梳理，那就是「**不受政府不負責任的干涉，具備社會必需的貨幣結構，分散權力至不會威脅到人民自由的制度**」，可是說到底，真的有可能制定出如此面面俱到的制度嗎？

傅利曼所研究出來的唯一答案就是——

「將金融政策的規則置於議會監管之下（法制化），貨幣供給量徹底切割掉人為的『衡量』，全部依循法律規定」。

市場確實會出錯，本身並不完善。但同時間，**政府也一樣會出錯**。尤其是在面對個案意外狀況時，很容易局限於狹小的單一觀點，而失去縱觀整體的能力，出錯的機率特別高。但是，如果能網羅各種案例，設想出對應的大方向，預先制定法規，那麼事到臨頭時，就能確保方向不會出錯。將金融政策從人為的衡量判斷切割出來，全部交託在制式的規範上，就是這種用意。

原本只要用法律規定「中央銀行的任務＝維持物價水準的安定」就沒問題，但很遺憾地，當時的中央銀行並沒有那樣的責任自覺，也不具備那樣的能力。因此傅利曼才提出了「將貨幣供應量規制化」的構想。

像凱因斯的支持者那樣，用人為的臨場判斷來「衡量」貨幣供應量，予以增減，只會讓經濟變得更混亂。但如果能制定法律以「固定比例（K%）」來增加貨幣數量的話，就不會誤判整體的方向性。這是知名的傅利曼**「固定貨幣成長法則」**（K-percent Rule），而傅利曼的思考方向也因此被稱為「**貨幣主義**（Monetarism）」（是將貨幣供應量〔Money Supply〕置於中心的學派）。

傅利曼提出此思想，並以「新自由主義」旗手的身分，於一九七六年獲頒諾貝爾經濟學獎。他的據點芝加哥大學也聚集了許多和他志同道合的經濟學家，被稱為「**芝加哥經濟學派**」，在經濟學界儼然形成了一大派系。

此外，傅利曼所主張的新自由主義路線，受到英國柴契爾夫人與美國前總統雷根政權採用，一九八〇年代以來，以英美兩國為中心，實行「減稅、放寬規定、民營化」等政策。

不只如此，**傅利曼的政策也受到南美國家智利採用**。

一九七〇年智利的薩爾瓦多·阿葉德（Salvador Allende）政權上台，是世界上第一個經由自由選舉樹立的社會主義政權，但在三年後由陸軍司令奧古斯圖·皮諾切特（Pinochet Ugarte）發動政變扳倒。皮諾切特在成為獨裁者的同時，為了將國內左翼勢力清除乾淨，進行各種共產主義驅逐、虐殺、逮捕下獄、流放等迫害。其後招募被稱為「芝加哥男孩」的傅利曼的徒弟們前往智利，將國內的經濟主舵一八〇度大轉變，由社會主義轉往了新自由主義。

智利將阿葉德時期收為國有的企業再度轉為民營，並廢止土地改革（導向恢復地主制）、實施自由貿易路線等政策，簡直就像是「**貨幣主義的實驗場**」。此舉大為成功，智利在短時間內展現出驚人的經濟成長，傅利曼將這個經驗稱為「**智利奇蹟**」。

但在不久之後，智利面臨了劇烈的貧富差距，由於進口商品過多，導致國內製造業崩壞，以及受到第二次石油危機的餘波影響，不幸引起惡性通貨膨脹、債務暴增等問題。至一九八五年，這些曾為智利帶來奇蹟的芝加哥男孩遭到皮諾切特政權驅逐，智利經濟改由凱因斯式的需求管理路線接手，修正軌道後逐漸收到功效，恢復了生機。

競爭型的社會對弱小者相當嚴酷。**新自由主義的威力，把開發中國家捲入全球主義的漩渦中，將落差一舉擴大出去。**

看智利的例子，傅利曼的新自由主義似乎還是難以成為世界性的經濟模型。

Point

貫徹競爭型資本主義是將社會導向公正且自由的關鍵。

17 《預期消退的年代》（*The age of diminished expectations*, 1990）

保羅．羅賓．克魯曼 Paul Robin Krugman

收錄有許多對其他經濟學家的精彩毒舌論戰。雖然用詞毒辣，但同時也把不可錯過的經濟學論點，用明確且易懂的方式揭露給所有讀者，讀起來分外暢快。

保羅．克魯曼（1953～），美國經濟學家，曾任史丹佛大學、麻省理工學院、普林斯頓大學教授等職。2008年獲得諾貝爾經濟學獎。

解開世界貿易之謎的鑰匙就藏在「我們的喜好」中?!

克魯曼是「新興凱因斯主義經濟學派」的經濟學家之一。

相對於以傅利曼為代表的貨幣主義，新興凱因斯主義者的立場則是——**「只要花時間小心地衡量調整，即能往充分就業目標前進，果然凱因斯的財政金融政策是有效的」**。

在一九七〇年代石油危機中，凱因斯經濟學因為無法解決停滯性通貨膨脹問題而衰退，貨幣主義興起取而代之，但自二〇〇八年雷曼兄弟金融海嘯以來，由於各國積極推動大規模的財政改良政策，凱因斯的手法再度受到注目。新興凱因斯主義經濟學派即是這股趨勢的中心人物。

而其中代表性的人物就有史迪格里茲和克魯曼。

在這篇，我們先來看看克魯曼。

克魯曼在二〇〇八年獲得諾貝爾經濟學獎，是因為他提出的「**新貿易理論及經濟地理學**」受到肯定。新貿易理論和以往「脫胎自李嘉圖比較利益法則的貿易理論」截然不同，是貼近現實狀態的新型貿易考量。

首先，克魯曼對於「**世界貿易大多是在已開發國家之間進行**」的現實狀況，感到十分不可思議。其實仔細思考，貿易大多是「已開發國家從開發中國家進口原料，再加工製作成自己想要的工業製品」，也就是所謂的「加工貿易」，所以照理說，貿易行為應該是在「已開發國家—開發中國家」之間進行才對吧。

這個疑問，是來自李嘉圖等傳統貿易理論。也就是說，傳統貿易理論中，認為貿易行為原本是由技術、生產成本、天然資源的蘊藏量等條件落差而產生。確實，通常貿易行為是進口「不夠的、想買的物品」，外銷「多餘的、想賣掉的」東西。就這方面來想，貿易的確應該是在「已開發國家—開發中國家」之間進行。

但實際上，貿易市場上卻是**技術力相近的工業國之間，相互交易類似的商品**。也就是說，貿易竟然大多是類似「美國和日本之間互相買賣汽車」，而且跟影響該產業發達與否的優秀地理條件或必然性沒有關係。這到底是怎麼回事呢？

我們不妨先來看看已開發國家之間總是交易類似商品的原因吧。對此，克魯曼的答案是「**消費者喜好多樣性**」。

說起來確實是這樣沒錯。

我們在買車時，一開始先是有「買車吧」的念頭，再來會去買汽車雜誌，興致勃勃地一邊翻看一邊想著要哪一款好。在當下，我的想法已經不是「想買車」了，而是「真想要 LEXUS 啊」、「雪佛蘭也太帥了吧」等等，轉變為「從多樣性中獲得滿足感」。

再加上如果市場喜歡多樣性，就算大家都生產類似的工業製品，經由貿易仍然能增加彼此的利益。雖然想以工業生產大幅拉高利潤，就必須達到「**規模回報**」（投資越多設備越能提高生產效率，也就是所謂的「**規模經濟**」），但只要客群仍然追求多樣性及選擇幅度，這些都不成問題。只要消費者抱有「想要法拉利」、「日本車太棒了！」、「想要豪華轎車」等各式各樣的欲望，不管哪國的汽車製造業都能繼續賺個沒完。

再來談到**經濟地理學**的部分，克魯曼說明這是「**由於產業發展，造成都市人口過度密集、鄉村人口外流的連鎖反應**」。

首先從國內以農業為發展中心、經濟發展仍處於較低階段的國家開始說起。由於農業受到農地條件綑綁，人口必然會集中在適合進行農業發展的土地附近。在這之間，工業也會隨之興盛。最初規模會比較小，但工業的發展都會離農村較近，也就是會受限於需求者所生活的區域。

此外，諸如「為什麼該地區的某種工業會發展得特別好呢？」這種初期的聚集原因，其實多半源於「**歷史性的偶然**」。比方說，問到「為什麼日本的汽車製造業如此興盛？」，答案會是「因為日本有很

都市的過度密集化

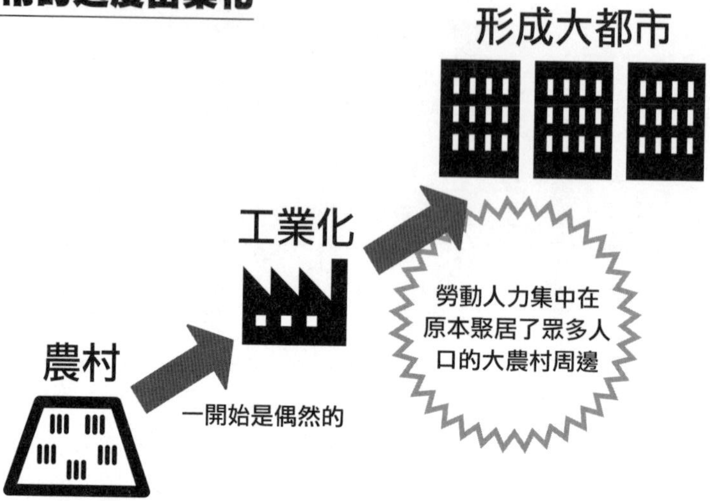
形成大都市
工業化
勞動人力集中在
原本聚居了眾多人
口的大農村周邊
農村
一開始是偶然的

多軍需用品技術專家，以及豐田佐吉的影響」——像這樣因戰爭或某個特別人物剛好在某個地方，只是偶然造成的。確實，如果沒有這些偶然的巧合，像日本這種小國，實在是沒有發展出汽車產業輝煌歷史的道理。畢竟日本不是什麼都市與都市之間移動距離長得要命的巨大國家。

言歸正傳。經濟在最初會以農業為中心，接下來工業小規模地開始盛行。隨著經濟的發展，工業所得會逐漸擴大，再加上技術革新與運輸業的配合而發達起來。

這麼一來，人口區分也會逐漸改變，起初緊臨大大小小的農村發展的工業，隨著生產規模的擴大，以足夠勞工數的觀點來看，會從「原本就有很多人口的大農村周邊」開始繁榮起來。那麼當然該地區更快能達到規模回報——也就是實現「規模經濟」，勞動人力會更向這邊集中。

再者，「技術進步將更催化群眾的需求」、「商品運輸也會影響規模經濟」等原因，商品會優先在較大的群聚地區開始銷售。綜合種種原因，人口就會逐漸往大群聚地集中。

正是因為前述的新貿易理論及經濟地理學受到肯定，克魯曼於二〇〇八年獲得諾貝爾經濟學獎這項殊榮。

「該注目的部分」與「完全不重要的部分」一目瞭然的名作

除此之外，克魯曼也以「論述簡明易懂的經濟學解說者」聞名。

本篇所介紹《預期消退的年代》這本書，內容非常有趣，想要瞭解克魯曼教授的，一定要先從這本書開始。

他本人對這本書如此簡述——「在確保論述的水準之餘，也能讓專家以外的普通人可以讀懂的，與美國經濟有關的小本書」。

《預期消退的年代》撰寫時間是在一九九〇年代，當時的美國沒有什麼值得一論的經濟面成績就算了，群眾甚至也沒有為了求取改善而對政府施壓，宛如處於一灘死水般停滯不前的狀態。而克魯曼在書中以專家的視角，佐以極為白話的文體，為大家說明為什麼美國會陷入如此糟糕的經濟狀態，卻還不求改善。

這本書最出色的地方，在於引導讀者**清晰地掌握到經濟面的著眼點**。書裡明確標記了**「經濟面上應該注目的部分」以及「頗吸引人但其實一點也不重要的部分」**，好懂得不得了。

加上說明完全不拐彎抹角，節奏也很好。克魯曼認為經濟學書籍可分為三種模式，有「希臘文學式（重理論，善用數學，內容就算出色，一樣有看沒有懂）」、「雲霄飛車式（一股腦地只專注在最新新聞和統計數據上，無聊到絕望等級的書）」、「機場式（擺在機場書店賣的暢銷書，大部分是一些將未來預言得如何悲慘的內容）」，但本書不屬於以上任何一種。也就是說，他為我們所寫的是一本「有內容又能輕鬆閱讀的書」。而實際上，日文版書名《克魯曼教授的經濟入門》雖然有「入門」二字，有些細節內容還是比入門要難上一些，但**在我們最想知道的事——也就是「到底哪裡是重點」上，都有親切地標記出來，任何人都能一看就抓到關鍵**。

還有就是這個人的嘴上很不饒人。剛開始讀就會馬上懷疑：「這什麼啊？這經濟學專家想用引戰來提高銷售量嗎？」當然這跟日文版譯者山形浩生先生的「翻譯風格強烈」也有關係，但作者本人真的也夠毒舌了。與其說是在讀經濟學的書，簡直就像是在聽有吉弘行的廣播節目。有趣歸有趣，但很令人提心吊膽啊！總之，不管是前輩還是什麼人，隨著書一頁頁翻過去，他的敵人就不斷地多了一個又一個。（譯註：有吉弘行為日本藝人、知名毒舌名嘴、主持人。）

「那些供給面學派的老不死」、「貨幣主義已經是死人的遺物了」、「鐵打的左翼（意指會如左翼般衰敗滅絕）」、「只比聚會閒聊好一丁點的說明」、「主要是那些傢伙根本自己都搞不懂自己在說什麼」、

「最下層階級啊，不就是那些被貧困和社會崩壞的惡性循環綁住，走投無路的人嘛」——別這樣啊，這位大哥，盡是講這些話，每天門口會來一大群貨幣主義者吵吵嚷嚷，狂拍你家門，冒用你名字點一百份鰻魚飯外送，或是在你學校書桌上刻個大大的「不准來學校！」恐嚇你喔！

而且克魯曼這個人，連美國總統候選人羅斯．裴洛（Henry Ross Perot）都敢緊咬不放。難得裴洛自己主動和民眾承諾「當選總統之後，會打開引擎蓋重整經濟」，又何苦再酸他「有誰敢讓連車子構造都不懂的汽車修理工來碰我的車引擎啊」——哎呦喂，不要跟政治家對著槓啊！你就不留個進智囊團什麼的可能性嗎？好歹他是個商人，至少也要把他看成同行吧。

書中也收錄了安倍經濟學的啟發根源

克魯曼在本書中的訴求，總歸來說就是——**對經濟而言，最重要的是「生產性、所得分配、失業」，僅此三個重點**，別無它物。

乍看之下會覺得這種主張相當樸實，至於這幾點為什麼重要？為什麼沒辦法像樣地改善？把這幾點和別的要素（例如通貨膨脹或國際競爭力）牽扯在一起的說法是如何出錯？克魯曼以有力的節奏由淺入深、充滿趣味性地一層層說明。

如果要說到無法改善這些問題的原因，就是因為想要改善的話，必須從改善經濟體系的根本開始下手，但卻怕會引起世界經濟大蕭條等級的經濟危機而遲遲無法實行，再加上美國還沒困頓到不得不動手的程度，國民也不抱有政府會改頭換面的期望，自然就沒有爆發不滿的時候了。正如同此書書名《預期消退的年代》。

其次，本書也反應了時代的話題，花了相當多篇幅解說**日美貿易摩擦**，而且分析得極為精確。

「日本啊，法律上寫的與實際情況之間有極大的落差。」

「眾人所說的『日本人手法很髒』，指的不是他們盈餘數字大小，而是這黑字是怎麼得來的。敢情日本就是一個只管外銷而不往內進口的國家。」

「日本人的社會風氣本身就曖昧不清，並非美國人所期望的刻板法律主義。」

「移至美國發展的日本企業，哪怕是從當地調度原料可以更省成本，也非要跟相熟的日本業者訂購不可。」

但即使都寫成這樣了，克魯曼還是認為**日美貿易摩擦並不是造成美國經濟惡化的萬惡根源之一，只算是「小有危害」的程度**（糟糕的不是東京，而是華盛頓和紐約／日本的成功傷到的是我們的自尊，而非我們的生活水準），並且**日本在遭遇泡沫經濟崩壞之後，已經不構成威脅**了。

「一九九六年那個時間點的美國人，已經不像之前幾年那麼懼怕日本了。」——在這段，克魯曼想說的是「因此日美問題也被收入《預期消退的年代》中『就算眼下不做任何處理也沒關係』的範圍」這件事。對我這個日本人來說，讀到此處，不免湧上一股感慨。

克魯曼的三大提案

❶ 結構改革 → 無法對應日本國民整體需求低迷問題 ✕

❷ 擴大財政 → 公營事業已開發殆盡 ✕

❸ 前所未有的金融政策

↓

永久性擴大金融規模 ＝ 安倍經濟學之「異次元的金融緩和（貨幣放鬆政策）」

但是，克魯曼預言「異次元的金融緩和」終將失敗

「原來我們曾經讓美國人如臨大敵啊！」——對於因泡沫經濟崩壞，自尊心和金錢一起被連根拔除的日本人來說，這種形容反而讓人有種微妙的開心。原來啊，如果他們是「沒有期待的時代」的話，我們這裡就是長達二十年「消極退縮的時代」了。這麼長時間看衰本國的經濟，果然不是什麼好事吧。

另外，本書還有一章以「**日本掉入的陷阱**」為名的番外篇，內容相當有意思，談的竟然是「**安倍經濟學**」的構想原型。

首先，克魯曼著眼於一九九八年的日本，這時由於經歷長時間的景氣蕭條，日本被預言「一定起不來了」。在這種不景氣的環境裡，不是猛花錢就能解決了嗎？政府的利率已經放寬到近乎於零，經濟景氣仍然沒完沒了地低迷下去，這到底是怎麼回事？

他認為原因並不是出在不良債權或國民高齡化，而是「**流動性陷阱**」所造成。這是凱因斯經濟學的概念，簡單來說就是「**因為利率並未降到零以下，今後的短期金融政策不管動作規模有多大，都不會有效果**」。但這只是一種「理論上的假設」，以一個國家為單位所展現出的變化，並沒有現實中可供證實的例子。克魯曼本人也說：「這麼奇怪的現象，幾乎都會被淹沒而忘記。」

但是，如果日本真的陷入「流動性陷阱」就糟了。遇到這種情況，以往的金融政策將無法發揮任何效果。克魯曼對此提出三項建議：**「結構改革」、「擴大財政」以及「前所未有的金融政策」**。

首先是「結構改革」，指的是調整企業端的相關條件。也就是放寬規定、降低公司所得稅率、改善銀行經營或會計規定等。但這種做法等於「只提高了日本的供給能力，對國民需求度方面完全無益」，無法解決問題。他認為日本所面臨的問題，其最根本是來自於「國民的整體需求低迷」，也就是說如果不能制定出「讓國民願意花錢」的政策，一切都是沒有意義的。

再來是「擴大財政」。這也就是大家所知的——政府大力開發公營事業，製造出有效需求的方法。但這個方法，日本人心裡應該也有數，日本政府早把能做的都做完了，其他已經使不上力。所以這條路也行不通。

最後這項是「前所未有的金融政策」，看起來這個方向是能發揮出功效的。意思是「短期性擴大金融規模」無效的話，那麼就進行「**永久性擴大金融規模**」。如果日銀在「有責任感的行為」範圍內做不出效果，就以民眾能夠信賴的方式「不負責任地行動」就行了。

這就是安倍經濟學的原型。

安倍經濟學的核心在於「**異次元的金融緩和（貨幣放鬆政策）**」，具體為「將通貨膨脹的目標設在百分之二，在達標前日銀將持續進行金融緩和，並且其間不斷向市場進行喊話」。聽起來跟克魯曼的建議很像對吧。像這樣不斷增加貨幣流通量的政策，叫做「**加肥（Reflation，通貨再膨脹政策）**」。確實做到這個份上，能夠讓人們對通貨膨脹產生期待，進而解開國民凍結已久的通貨緊縮心理（因不景氣而產生「比起消費、投資，更願意儲蓄」的退縮心理）。沒錯，**安倍經濟學就是以克魯曼的建議做為理論支柱**。

但到了最近，克魯曼突然收回前言，預言安倍的異次元緩和將面臨失敗的結果。他指出，日本的成長力比預設的目標低上許多，應該重新設定、提高通貨膨脹目標，以維持通貨膨脹的勢頭，同時更催動金融、財政力跟上。

哎，頭都洗下去了，現在不要講這麼無情的話啦～～至少方向性是一樣的。拜託了，千萬不要幾年後又說「這政策打從根本上就大錯特錯」啊！

Point

最重要的只有「生產性、所得分配、失業」三點。但如果不面臨世界經濟大蕭條，國家不會下定決心著手改革。

18《經濟學入門》（*Introductory Economics*, 1999）

約瑟夫・尤金・史迪格里茲 Joseph Eugene Stiglitz

當人們越是想著要挑出優質的商品，
卻反而會導致市場產生出更多劣質商品。
其失敗原因來自於供需間具有「資訊不對等性」。

史迪格里茲（1943～），美國經濟學家。曾任耶魯、史丹佛、哥倫比亞大學教授。於柯林頓執政期間受聘為總統經濟顧問委員會成員。2001 年獲諾貝爾經濟學獎。

「看不見的手並不存在」

史迪格里茲和克魯曼一樣是「新興凱因斯主義經濟學派」的學者。他對「資訊不對稱」的研究受到肯定，於二〇〇一年獲得諾貝爾經濟學獎。

他有一句名言——「看不見的手並不存在」。

對於自由市場可以解決一切問題的說法，史迪格里茲採取反對立場，並主張市場需要適當的規範。他相當重視市場與政府間的平衡，不僅活躍於學術界，也經常以顧問身分遊走各國政府之間，是一位連在日本都具有高人氣的教授。

他所專攻研究的「資訊不對稱」，指的是**交易進行時賣家跟買家之間的資訊落差，將導致市場產生各種問題**。他貫徹自己的研究，證明了市場並非萬能。

完全競爭市場

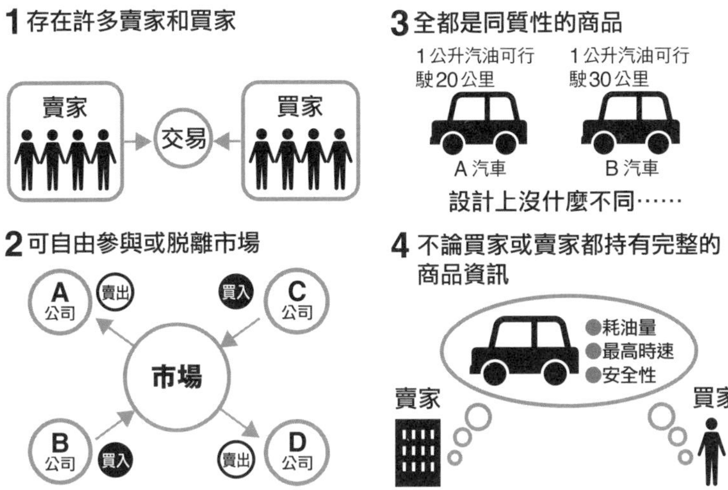

在現代經濟學中，基本都是以新古典學派所提出的**「完全競爭市場」**經濟模型來做解析。完全競爭市場就是合乎以下四個條件的市場環境：

1 存在許多賣家和買家。
2 可自由參與或脫離市場。
3 全都是同質性的商品（以該物品原本的功用及其他部分（如設計性）為賣點，拉出銷售額落差的情況下，不視為其他類別商品）
4 不論買家或賣家都持有完整的商品資訊（雙方情報量完全一致）

在這個狀態下，市場價格會由將利潤極大化做為目標的企業，以及希望買到產品對自己效用最高的消費者，依循各自的合理判斷來訂出，如此即可能營造出一個極度競爭的市場。

但史迪格里茲主張**完全競爭市場不可能達成**。最大的原因就在於，買家跟賣家之間存在資訊不對稱的情況。資訊不對稱會攪亂市場，讓資源無法適當分配。

比方說，「**逆選擇**」就是如此。逆選擇的情況是「**明明想選出好的商品，結果反而讓市場上都剩下劣質商品**」。這就是資訊不對稱造成的「市場失靈」。再以中古車市場來做例子，如果中古車買家無法獲得車子狀態的資訊，實際狀態只有賣家才知道，那麼買家自然會擔心有可能買到瑕疵品，造成需求都集中到便宜物件。這麼一來，狀態優良而價格偏高的中古車，在市場中變得難以流通，最後導致中古車市場只剩下各種便宜的劣質選項。

此外，以中古車市場而言，價格越低，越讓客人對安全性感到擔憂，可能使上門的客人打消念頭，形成資源分配流通偏差的原因之一。

再來更進一步的是勞工市場的逆選擇。

假定有某家企業對外發布了招募員工的徵人廣告。企業方打算「要是有優秀的人才來應徵，就算月薪三十萬日圓也要聘用他。但要是來了蠢才，用十萬日圓雇了就算了」，但很遺憾地，由於缺乏勞工相關資訊，企業無法得知會有什麼樣的人來應徵。無可奈何之下，只好在求才資訊寫了中間數「保證月薪二十萬日圓」，這樣一來，優秀人才一看到薪水開得這麼低，就對這份工作機會敬而遠之；相對地，蠢才們卻喜出望外地心想：「咦？像我這種外行人也能拿到二十萬日圓嗎?!」結果和企業的期待相反，只有大批蠢才們蜂擁而至。

資訊不對稱也會引起「道德風險」。道德風險，指的是由於道德感低下而引起的紛爭。舉例來說，有人買了汽車保險，由於行車有保障，在開車時注意力過度渙散，導致發生車禍；或是以詐領保險金為目的，故意製造車禍情況，這些紛爭會對保險公司造成損失。而保險公司正是因為資訊不對稱，無法判斷事故是純粹發生意外，還是因其他緣故刻意造成車禍。

提到保險公司，保險業界的「逆選擇」也是著名的，其圖式為「壽險公司欠缺顧客的健康狀態資訊→將保費設定得較高→健康的人不願意投保→僅有不健康的人願意花錢投保」。

史迪格里茲也進一步以資訊不對稱的角度分析金融市場。

假如金融市場像新古典學派所說的，成了完全競爭市場，銀行的貸款利率就會依貸款人數而上下浮動。意思就是，向銀行借錢的人多，利率就會調高，借錢的人越少則利率會調降。對銀行來說，錢就是商品，理所當然的，利率就是這項商品的價格。

然而實際情況是，**到了某個階段，不管貸款的人多還是少，貸款利率都還是在往下降**。而且就算利率降了，銀行也不肯完全滿足貸款人的超額需求，只願意把一定程度的資金量分配給貸款人。這叫做「**信用分配**」。

為什麼會發生這種情況呢？史迪格里茲認為，**銀行進行信用分配的原因，就在於資訊的不對稱及逆選擇**。

總而言之，銀行方面因為資訊不對稱，在無法判定貸款人財務狀況是否穩定或具風險性時，僅憑貸

資訊不對稱所造成的逆選擇

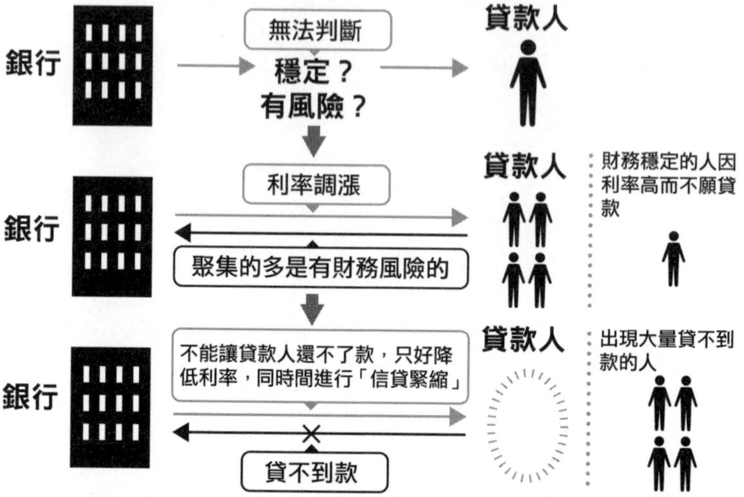
銀行
無法判斷
穩定？
有風險？
貸款人
利率調漲
聚集的多是有財務風險的
財務穩定的人因利率高而不願貸款
不能讓貸款人還不了款，只好降低利率，同時間進行「信貸緊縮」
貸不到款
出現大量貸不到款的人

款人數增加程度決定調高利率，那麼接下來貸款人結構將會面臨「財務狀況穩定的減少，聚集的多是有財務風險的」。也就是發生了「逆選擇」的現象。對財務穩定的人來說，在利率高時進行貸款太不划算了，這也是難免的。

撇開這一點，先不管風不風險，按照市場原理，只要貸款人數增加，利率就應該要往上漲才對呀！但是這裡我們從銀行的角度來思考——「要是從這些想一獲千金的投機者身上收取高額利息，這些傢伙搞不好為了快速賺大錢，會去碰什麼危險生意，這樣絕對會馬上敗光。那我們想用高利率賺錢的計畫不就泡湯了嗎？不然還是把利率調低一點，讓他們做一些安全的買賣吧」。

就這樣，貸款利率為了與資金需求無關的原因調低，銀行也啟動了不出借足額貸款的「信用分配」。既然在利率與貸款人之間，市場原理不起作用，靠的就是銀行的自由裁量了。貸得到款的人沒辦法貸到目標金額，貸不到的人就算「願意付更高的利息」也不給貸。這就是日本泡沫經濟時期的名產——「信貸緊縮」。這跟道德風險也脫不了關係。

以上這些情況陸續發生的話，不管是個人或企業都會產生「非得貸款時也不一定貸得到啊……」的不安感，因而在行事上採取更加保守的安全做法。這樣一來，不管消費或投資都會減少，終而對整體經濟產生不良影響。

「資訊不對稱」指出了市場本身並非無懈可擊的事實。沒錯，市場並不完善。借一句史迪格里茲的話來說，就是「看不見的手並不存在」。

並且**由於資訊的不對稱，造成市場經濟無法健全地運作，擴大了今日世界的貧富差距**。所以史迪格里茲強調，人們不應將市場視為萬能，應該接受政府適當的規範或干涉，為消除貧富差距而努力。

能夠同時學到微觀與宏觀經濟學的一本書

接下來要聊聊史迪格里茲寫的書，這次介紹的是《經濟學入門》。

雖然這原本是以大學教材為目的而寫的教科書，但內容好懂得不得了！我個人也曾為了再進修經濟學，實際對這本書用功過，總之非常易讀又好懂。很多以前似懂非懂的部分都通了，一瞬間豁然開朗，痛快得都冒汗了。而且光這一本，就能同時學到微觀經濟學跟宏觀經濟學。

為什麼會說這本書很好懂呢？最大原因是內容主軸非常明確。也就是，**經濟學是一種「選擇」的學問，這個選擇最重要的是「①權衡（Trade-Off，為了達到某種目的或結果，必須失去或捨棄某些東西）／②誘因（Incentive，使人改變決策或行為的主因）／③交易／④資訊／⑤分配」等五大概念**。說得極端一點，一切都能用這些概念來說明。

像這種主軸夠大的書特別好讀，主題不會失焦，論述容易理解。雖然有人對此有反感，覺得這種方式是「強硬的填鴨式教育」，但以我個人經驗來說，我學生時期在經濟系唸的講義既鬆散又欠缺主軸，與其讓學生在什麼都搞不懂的狀況下，不管前因後果，只忙著把教授說「這裡會考」的地方筆記起來的經濟學，從史迪格里茲寫的書裡學到的東西透徹多了。

說明過程相當親切仔細，也是這本書特別好懂的原因之一。

史迪格里茲不會突然就來一段困難的術語，一定會在事前先說明清楚。碰到算式時，也會先列出算式，並馬上開始解說記號或算式的意義。另外，論述使用的具體範例特別多，也是它很棒的優點。總歸來說就是史迪格里茲很「擅長教學」。

碰到這麼一本優秀的教科書，我們也能有信心地喊出：「只要讀完這一本，就能瞭解經濟學！」而只要能讓自己相信，就一定能徹底讀通它。

各位如果和我一樣，花上比平常唸書多三至四倍的時間，在碰到圖表或算式時，也抱著「我一定能懂！這可是史迪格里茲老師啊！」的心情去認真學習，相信只要一至兩個月就能掌握經濟學的基礎了。

史迪格里茲的著作有很多膾炙人口的暢銷書，但這本對我來說特別好。超級推薦！

附帶一提，我為補習班學生準備的講義，也受到史迪格里茲不少影響。我本人是個「片假名用得越多，看起來就越蠢」的權衡論忠實信徒，但偏偏在碰到這 Trade-Off（トレードオフ）和 Incentive（インセンティブ）時，卻不得不屈服使用片假名了，實在教人汗顏啊！

造成全球經濟狀態扭曲的責任在於已開發先進國家

史迪格里茲認為，**全球化使世界各地的貧困問題擴大，而其中屬作風蠻橫的美國為害最大。**

今日的全球化經濟貿易規則，不僅全憑已開發先進國家的意思來決定，更存在資訊不對稱的情況。不平等的狀況下，在全球進行自由競爭，對開發中國家會造成妨礙，使南北經濟落差加劇，都是已經檯面化的認知。

因此，針對陷入金融債務問題的開發中國家，IMF（International Monetary Fund，國際貨幣基金組織）提出了「華盛頓共識（Washington Consensus）」。

華盛頓共識的目的是，**對於遭遇金融危機的開發中國家，以危機救援貸款做為籌碼，要求該國實施「貿易、投資自由化／放寬規範及促進民營化／小政府／恢復財政規律性（也就是財政緊縮）」等政策，並接受先進國輔導的配套型政策外送。**

主要就是對金融陷入赤字問題的國家強行要求「勿浪費金錢，採取『小政府』政策」，但貫徹新自由主義到這種程度的配套做法，開發中國家哪可能高興得起來。

因為既然不景氣時不能以柔軟的財政政策（通過發行政府債券進行公共工程等）對應，就只剩下「自由貿易」才能拉回景氣了，可是在全球經濟環境裡進行徹底的自由貿易，開發中國家鐵定會任由先進國家宰割。

仔細想想，IMF 本來就有濃厚的美國主導色彩，總部設在華盛頓，基礎貨幣也設定為美金。也就是說，所謂「華盛頓共識」會不會根本就是美國對世界的戰略性策略呢？

強國們聲稱「這樣就能解決所有的市場問題」，但對開發中國家來說，實在不是高興得起來的事。實際上一九九七年爆發的「亞洲金融風暴」，正是因為 IMF 介入強迫開放匯率自由浮動，導致泰國經濟遭遇前所未有的危機。

因此，史迪格里茲咬住了 IMF 的可議之處。

「難道 IMF 是市場原理主義者的集合體嗎?!這種做法怎麼想都不對勁吧？為什麼要封鎖財政政策？你們不是設立來解決問題的嗎？這下你們自己就是問題製造源了啊！開發中國家可不是貨幣主義者的實驗場啊！」（我個人代替他發表心聲。）

再者，全球化雖然擴大了世界經濟的規模，卻也造成了無可挽回的環境破壞。為了因應社會貧富落差及環境破壞這兩大問題，**史迪格里茲提出了「稅制改革」戰略**。

例如碳稅（空汙稅）。如果已開發國家決定開徵此項稅收，可以促使境內工業降低環境破壞程度，並且也藉此增加環境保護的預算。

或是金融交易稅。如果非要把開發中國家當成這類激烈的金錢遊戲的犧牲品，那麼金融交易就必須課稅，對所造成的經濟汙染做出「賠償」。

除此之外，史迪格里茲也很直接地公開主張應徵收「富人稅」，以及「協助開發中國家調整貧富差距」。

結論是——**史迪格里茲並不反對全球化經濟本身**。他真正要批判的是IMF「美國政府代理機關」式蠻橫無理的做法，當開發中國家正在全球化浪潮中準備急起直追時，趁人之危，把「華盛頓共識」硬塞給他們。

IMF硬要開發中國家吞下「華盛頓共識」，實質上就是把經濟面弱小的開發中國家，直接拉來和強國（也就是美國）在同條件的環境下自由競爭。

換句話說，等於是把開發中國家趕進弱肉強食的鬥獸籠裡，而等在那裡的美國則一邊舔著嘴角一邊說：「來吧，我們來自由競爭，這很公平的～」這種做法根本就不公平，完全是「打著公平名號的殖民地政策」。

至少在二十世紀後半，由世界銀行（World Bank）所認證並公開的「東亞經濟奇蹟」（日本、四小龍〔Newly Industrialized Countries, NIEs，新興工業經濟體，包括臺灣、南韓、香港、新加坡〕和東協〔The

Association of Southeast Asian Nations, ASEAN，東南亞國家協會」等驚人的經濟成長），都不是透過華盛頓共識所主張的「小政府」政策達成的。

史迪格里茲希望**扭曲不堪的全球化經濟能夠走回正道**。他認為，為了這個目標，已開發國家應償付伴隨全球化所付出的代價。

Point

一面倒向自由主義無法解決貧富差距和全球化經濟落差問題。

19《企業的概念》（*Concept of Corporation*, 1946）

彼得・費迪南・杜拉克 Peter Drucker

杜拉克「經營之神」的美稱，因為《如果，高校棒球女子經理讀了彼得・杜拉克》這部小說，而在日本家喻戶曉。本書是他將組織營運的訣竅——也就是「管理」的重要性，推廣至全世界的知名著作。

彼得・杜拉克（1909～2005），奧地利經營學者。於倫敦的銀行擔任管理顧問，後移居美國，曾任紐約大學、克萊蒙特大學教授。

為了批判大型企業通用汽車而寫成的書

杜拉克是一名曾在日本掀起熱潮而廣為人知的管理思想大師。以他來說，與其說是經濟學家，**他論述「何為企業？」、「何為經營？」的記者、專業管理顧問身分更聞名。**出身奧地利猶太人家庭的杜拉克，因感受到納粹勢力日益抬頭的危機，大學畢業即移居英國，在倫敦的證券公司擔任分析師，後來再遷居美國。也是在此時開啟搖筆桿的生活，自從寫出《不連續的時代》（*The Age of Discontinuity*）後，不斷量產出暢銷大作，為其經營論、企業論的論說家身分奠定了不可動搖的地位。

因討厭納粹而移居美國的杜拉克，下一個注意到的是大型企業。他以新聞記者的身分，受通用汽車（General Motors, GM）委託對其經營狀況進行內部分析，而他批判通用高層官僚的管理方式，卻大大激怒了GM。但他反而以此經驗寫出了《企業的概念》這本書，**讓世人終於意識到「管理（＝組織營運的**

訣竅）」的重要性。這本書受到通用汽車的競爭對手——福特汽車（Ford）大為讚賞，其後甚至將它做為重整福特集團的教科書，並進一步聘請他出任管理顧問。逐漸地，杜拉克就以「經營管理專家」身分名滿天下了。

不過，杜拉克之所以人氣經久不衰，原因可不只是這樣而已。他很擅長撩撥大老闆們的心，創造出許多企業家老闆相當愛聽的名言，可以說是個會走動的「老闆名言錄」。

「在下決策時，頂尖者總是孤獨的。」

「老是盯著他人缺點的人，不適合當經營者，多看看別人的優點吧。」

「人際關係的關鍵，不在於多會說話，而是懂不懂得傾聽。」

「人不能管理變局，只能走在變局之前。」

哇啊！大老闆們一定聽了就喜歡。這些話不僅創業型的老闆愛聽，就算是那些只愛收集名言錄，實際卻沒什麼才能的老闆們，也會一聽就迷上。

此外，杜拉克也以**「企業的社會責任（CSR）」、「知識工作者」、「民營化」等新世代概念的首創者**身分聞名。

附帶一提，二〇一三年日本出版了《如果，高校棒球女子經理讀了彼得．杜拉克》這本小說，大賣二百萬本成為超級暢銷書。光靠女高中生和經濟學的反差組合，再配上讓動漫宅們心動的封面，就能狂賣二百萬本，真是太令人羨慕了……。

20 《奈許看到了什麼：純粹數學與賽局理論》（*The Essential John Nash*, 2001）

小約翰・福布斯・奈許 John Forbes Nash Jr.

假設每個人都不幫助他人，並以自我的最大利益為基準來行動，卻仍然會自然出現「恰到好處」的妥協，這是為什麼呢？

奈許（1928～2015），美國數學家。將賽局理論引入經濟學中，在飽受精神疾病所苦時仍繼續鑽研，1994年獲得諾貝爾經濟學獎肯定。

賽局理論中有名的「囚犯困境」是什麼？

奈許是一位獲得諾貝爾經濟學獎的「數學家」，以在數學上運用賽局理論（Game Theory）中的「非合作賽局（Non-cooperative Game）」證明「奈許均衡（Nash Equilibrium）」概念而受到極高的讚賞。因此，這是一本跟經濟學頗有一段距離的「數學書」。是由奈許的學者同僚收集他的論文而組成。

「非合作賽局理論」近似於「囚犯困境（Prisoner's Dilemma）」。也就是說，當警方逮捕了由兩人組成的犯罪組合，在進行個別偵訊時對他們說：「如果你們都保持緘默，兩人都會被判一年徒刑。如果你坦白招供就可以無罪釋放，而對方將被判十年。但假如你堅持沉默，對方卻招認了，就換你被判十年了。如果你們兩人都招供認罪，則同樣判刑二年。」

賽局理論中的玩家，不認為對手有庇護自己的可能性。他們只會想著怎麼合理地讓自己的利益最大化，只考量對自己有利的方式。「在這個情況中，最大的利益是不用坐牢，而最大的反利益則是坐十年牢。也就是『對方沉默，自己沉默』彼此都是關一年；『只有自己招供』不用被關，看來是最有利的。相反的，『對方招供，自己沉默』得關十年；『對方跟自己都招供』則要關三年。仍然是招供比較有利」——兩人當然都會做出同樣的結論。於是，比起冒著風險去圖謀無罪釋放，還不如「兩人都招供，兩人都坐三年牢」，這才是合理判斷下對兩人最有利的發展。如上述的例子，**即使在彼此非合作關係的情況下，以自身最大利益為目標而行動的個體，也會在戰略考量的拉鋸間，達到每個個體都滿意的均衡狀態，此現象叫做「奈許均衡」**。

奈許的一生過得極其波折。從小他就被人說是「怪異的天才」，高中拿下全美僅有十個名額的獎學金，並在數學界頂尖的普林斯頓大學翹掉他認為「水準太差」的數學課，一頭埋入當時並不受歡迎的「賽局理論」研究，並在二十二歲時證明了「非合作賽局理論中的奈許均衡」。很可惜地，他在三十一歲那年罹患精神分裂症。當時在麻省理工學院擔任教授的奈許，因講課時突然說出旁人無法理解的奇怪內容而遭到解聘。他喊叫著：「共產主義者要來殺我了！」然後逃亡到歐洲，並在當地進了療養院，與精神病對抗的時間長達二十五年。

後來大幅恢復的奈許，在一九九四年獲頒諾貝爾經濟學獎。而以他的人生故事做為改編題材的電影《美麗境界》（*A Beautiful Mind*），不但膾炙人口，還獲得二〇〇二年奧斯卡金像獎最佳影片等獎項。

21 《我們的新世界》（*The Age of Turbulence*, 2007）

艾倫・葛林斯潘 Alan Greenspan

曾在「黑色星期一」等多次經濟危機下力挽狂瀾的美國聯準會主席。
然而，他在雷曼兄弟案中的失手，
使他從神壇墜落，失去了大師的地位。

艾倫・葛林斯潘（1926～），美國經濟學家。活躍在歷任政權智囊團中，並任職美國聯準會主席（1987～2006年在職）。

央行總裁起落如雲霄飛車的另類人生經歷

葛林斯潘在一九八七至二〇〇六年之間，出任美國聯邦準備理事會（Federal Reserve System, FRB，聯邦準備制度，為美國的中央銀行體系）主席長達十八年半的時間。這本書是他的回憶錄。

他出身紐約，在單親媽媽的猶太家庭長大。熱愛數字與音樂的他，高中畢業後為了學習經濟學而上大學……才怪，他一心想往音樂家路線發展，上的大學還是那所聞名遐邇的茱莉亞音樂學院。葛林斯潘主修鋼琴和單簧管，但不久之後休學，加入一個爵士樂團，巡迴全美演出一年。以一位中央銀行家（央行總裁）來說，這真是非常另類的人生經歷。

後來他進入哥倫比亞大學學習管理與金融，中間卻因為經濟困難而再度休學。在智囊團學到了經濟金融的調查分析技能之後，他出手創立了一家經濟顧問公司。他做出的精確分析和直白易懂的建議廣受好評，沒多久就成了「一場演講能進帳數萬美元」的知名分析師。大名甚至傳到了政府官員耳朵裡，在福特擔任總統的時代，聘請他出任總統經濟諮詢委員會主席（一九七四至一九七七）。後來歷任財政部和聯準會顧問等職位，最後在一九八七年雷根政權時代就任美國聯準會主席。

當時他才剛上任，馬上就有個不得了的試煉找上門來——「黑色星期一」。那是史上股價跌幅最大的超級股災，如果應對不當，將造成比世界經濟大恐慌更嚴重的後果。

葛林斯潘的出色應對阻止了即將發生的金融崩壞。他早早就宣布將**「有意義的提供市場流動性資金（相當於僅提供必要程度的資金）」**，同時以大規模的貨幣放寬策略做收尾。迅速的對應、強烈的訊息性、明確的政策，可說完美無缺。他徹底贏得了市場的信賴，股價也在隔天大幅回漲。

後來在墨西哥金融危機（一九九四）、亞洲金融危機（一九九七）、九一一恐攻（二〇〇一）時，葛林斯潘依舊順利過關斬將，被公認為「大師」（指如同金融界的指揮家）。

但他後來誤判網路泡沫化，做出錯誤的處理方式（認為類似日本經濟泡沫，以提高利率做為警訊），其後**為了應對「泡沫崩壞＋九一一恐攻事件」，不得不持續調低利率，間接引發美國的不動產泡沫化，最後雷曼兄弟的破產將經濟全盤打得粉碎**。葛林斯潘的完美評價也一夕顛覆，成了人人指責的對象。

從大指揮家一口氣跌落神壇，被當成「罪魁禍首」，令人不勝唏噓。長期政權果然會讓經濟的流通變得滯塞啊！

22《風險、不確定性與利潤》（*Risk, Uncertainty, and Profit*, 1921）

法蘭克・海克曼・奈特 Frank Hyneman Knight

在非實際存在的理論世界裡，
商品的價格和原成本價將會相同，無法產生利益。
企業家們是在現實社會的「真正不確定性」中獲取利益。

法蘭克・奈特（1885～1972），美國經濟學家。曾任愛荷華大學、芝加哥大學教授。為芝加哥經濟學派的第一代成員。

什麼是不確定性呢？奈特將其分為兩種，**能以某種概率預測出後續發展的**（如擲骰子的點數〔組合的概率〕、嬰幼兒死亡率〔基於數據的概率〕）**叫做「風險」；而無從預測的才是真正的「不確定性」**。

在此可以用完全競爭市場來試想一下（參照一二九頁），完全競爭市場的模型裡，買家跟賣家都是理性的參與者，各自擁有完整的資訊，採取合理行為將自己的利潤拉到最高。

這麼一來，理論上國民所得、事業收益、個人所得的效用都將發揮到最高，生產與消費達到均衡，商品成本和生產所需勞力的薪資相等，最後收到**「商品價格與原成本價一致」**的結果。但從**這條發展路線，將不會有由差額累積出來的利潤**。

那麼企業家的盈餘到底是從哪個環節產生？如果說企業家精神就是「向新事物挑戰」，企業家就經常會跟這些不可預測的「奈氏不確定性」打交道，但也由於他們勇於挑戰，在付出勇氣面對之餘，便獲得了利潤做為代價。

23《社會選擇與個人價值》（*Social Choice and Individual Values*, 1951）

肯尼斯・約瑟夫・阿羅 Kenneth Joseph Arrow

每個人各自的「喜好」，和整個社會全體的「選擇」是無法相容的。
經由我們視為理所當然的民主主義所決定的事情，
居然一點都不是「由民來主」?!

肯尼斯・阿羅（1921～2017），美國經濟學家。曾任職史丹佛大學、哈佛大學教授。另任美國經濟學會會長。1972年獲諾貝爾經濟學獎。

用經濟學方法證明了民主的失效?!

「民主主義在下決定時本身就存在著矛盾」——阿羅的「不可能定理」（Impossibility Theorem）在邏輯上證明了這一點。

他認為，**當同時有三個以上的選擇時，即使總合每個人的偏好（依喜好順序），其結果也不會是社會全體的偏好**。要做出民主的決策，必須符合兩種法則（「偏好的完整性」……把所有個人喜好全部列出排序／「推移性」……a＞b、b＞c則a＞c）及後述四種條件才可能成立。

1 選哪個都沒關係（無限制定義範圍）。

2 社會所有成員的偏好＝社會的偏好（柏拉圖法則〔Pareto Principle〕）。

3 沒列入選項的不能選（獨立於無關聯的對象）。

4 特定個體的偏好≠社會全體的偏好（非獨裁）。

但是非常遺憾地，可同時滿足以上條件的社會福利函數（Social Welfare Function，彙總社會全體的選擇以數學方式計算出來）是不存在的。即使把每個人的偏好列表統計，也做不出任何算式或圖表，能夠讓它對得上社會全體選擇的結果。

但現實生活中仍然有各種層面的決策聲稱是以「民主」的方式決定。也就是說，在所有人之間存在一位獨裁者。他是誰呢？

24《人力資本》（*Human Capital*, 1964）

蓋瑞·史丹利·貝克 Gary Stanley Becker

人類是不是一種「具有賺錢能力的機器」？
在盛行終身雇用制的日本來說是恰如其分，但在如美國般，
人們頻繁轉職的勞動市場裡似乎不適合這麼說?!

工廠與機械等資產的價值可因投資而水漲船高。那**如果把人想成是一種「賺錢用的機器」，也會因為投資而使勞工在勞動市場上的價值提高……**對不對呢？貝克在探討的就是這件事。

如果人也是一種資產，他們在教育訓練上獲得投資越多，勞動生產力就會越高，薪水也應該會往上調才對。照日本現行的終身雇用制來說，公司會定期舉辦內部培訓，紮實地提高公司員工的知識技能，其結果導向了依年資及職等來排列的薪資制度。這對於日本人來說是理所當然，但對「以跳槽為目標」的美國人來說，卻是無法想像的。

沒錯，他們並沒有員工培訓的概念。為什麼呢？因為在美國，如果員工因進修而提高了工作能力，任何人都會立刻「轉職跳槽」，為員工進行訓練只是在幫其他公司培養戰力而已。但是這位貝克老兄是不是把人看成完全只有計畫性跟合理性的東西啊。對他來說，結婚可能是一種尋求保障的經濟行為，小孩子的學習與上補習班是為了未來自己退休生活的投資……搞錯了吧，該注意的是愛啊，愛！

蓋瑞·貝克（1930～2014），美國經濟學家。曾任哥倫比亞大學、芝加哥大學教授。並出任美國經濟學會會長。1992 年獲諾貝爾經濟學獎。

25《正義論》（*A Theory of Justice*, 1971）

約翰．鮑德利．羅爾斯 John Boardley Rawls

如果我們每個人都完全不去認知自己和他人的地位、能力及財產、出身等落差，那麼這個社會就能夠邁向平等及公正的境界。

約翰．羅爾斯（1921～2002），美國哲學家。在倫理學及政治哲學界留下巨大成就。曾任哈佛大學教授及美國哲學協會會長。

說到討論社會貧富差距而受到注目的書，《正義論》也是其中之一。不過，羅爾斯這本書談的並非「改善社會的建議」，而是從原初立場探討**「應該建構什麼樣的社會」**。

對於社會正義，羅爾斯的思想主軸是**「正義即公平」**。這是一種公正的正義，主張「公平賦予每個人追求自由平等的權利」，而在正義的範圍內，每個人都有拯救社會最弱勢族群的一面。如果社會上普遍具有此種共識，我們就能將自由、權利、機會、收入等「社會基本財」訂出公平合理的分配規則，共同建構出平等且公正的社會。

這種社會建構概念，羅爾斯稱為「社會契約論」。也就是在原初自然狀態下呈現不均衡的權利，用社會型態來應對並補足其缺陷的觀點。羅爾斯將這種自然狀態稱為「無知之幕」（veil of ignorance）。**他設想：如果人類被蒙上了無知的面紗，對於自身及他人的地位、能力、財產、出身等條件完全無所覺知的話，會想要去建構出什麼樣的社會呢？**其結果就是一個實踐了「正義即公平」的社會。

26

《汽車的社會成本》

（自動車の社会的費用，1974）

宇澤弘文

在人類社會中，有許多成本應該要由獲得利益的人來付出。
本書正是以汽車為例，
設想出一個公正的社會所應有的形態。

宇澤弘文（1928～2014），日本經濟學家。曾任芝加哥大學、東京大學教授。1983年獲選為日本文化功勞者，並於1997年獲頒文化勳章。

什麼是社會成本？——指的就是**造成社會各種困擾的人未能負起該負的責任，無可奈何之下由社會全體為它擦屁股的成本費用**。而這本書探討汽車相關社會成本，實在說服力十足。公害、噪音、車禍……甚至說不定還有綁架、飛車搶劫、輾後逃跑或死亡事故等。汽車帶來的危害，可能性明明這麼多，但駕駛卻完全不用付出社會成本，這豈不是太奇怪了嗎？

在發生事故時，有保險會予以損害賠償，但這種認定方式也很奇怪。損失金額計算用的是「霍夫曼計算法」，也就是以「被害者在未死傷情況下可賺取的收入所得」來計算理賠金。但如果是已退休的老人或還未開始工作的小孩，其所得不就一毛都沒有嗎？

基於受益者負擔的原則，作者主張駕駛本人應當支付社會成本，其金額為一輛汽車二百萬日圓。這個數字是為避免發生死亡事故等「不可逆的損失」，支付新道路建設費所做出來的試算結果。太看輕社會成本可是會吃大虧的。

第3章

認識「資本主義」的13本名著

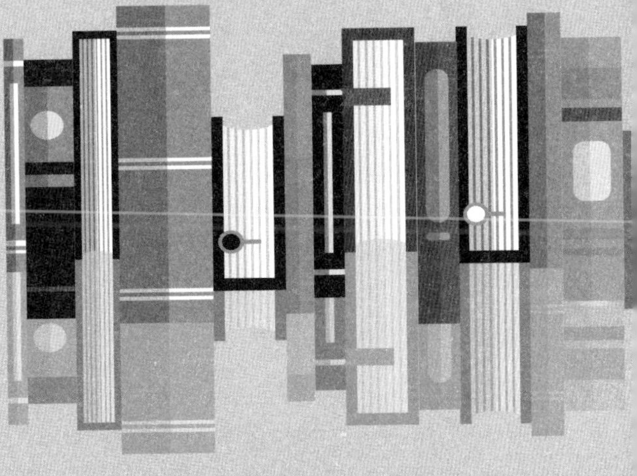

在思考經濟學時
無法或缺的最重要主題

27 《基督新教倫理與資本主義精神》（*The Protestant Ethic and the Spirit of Capitalism*, 1905）

馬克斯・韋伯 Max Weber

存錢儲蓄，不但完全不是壞事，甚至是順應神對世人的期待！
資本主義已經成了今日社會經濟體系的基礎，
而人們也對它萌生了信仰之心。

馬克斯・韋伯（1864～1920），德國社會學家、經濟學家。曾任弗萊堡大學、海德堡大學教授。

資本主義誕生的契機並非「欲望」

「資本主義之所以一舉擴大至歐洲各處，都是拜基督教之賜！」——如果你在深夜的琦京線電車上突然大聲這麼喊，你所在的車箱應該很快就會淨空了。但是，這句話可不是加班到半夜的疲勞男子亂喊出來的喔！是馬克斯・韋伯說的。他寫的這本《基督新教倫理與資本主義精神》，主要是**分析基督教中的新教乃是資本主義在歐洲擴張的原動力這個事實**。

歐洲的基督教長久以來都是由天主教主導。但是過長的統治歲月讓組織變得腐敗，終於在十六世紀引發了「宗教改革」。

當時奮力投入革新的是馬丁・路德（Martin Luther）和喀爾文（Jean Calvin）等「改革者（新教徒）」。藉由他們的努力，新教成了歐洲的主流宗教，而失去立足之地的天主教，則改隨耶穌會等組織進行海外布道，尋求新天地。

「哎，原來如此。脫離封閉壓抑的天主教統治，人們獲得了自由，就成了人欲橫流的資本主義原動力對吧！」──或許你會這麼想，但並非如此。

事實上，在新教成為主流之後，人們開始了儉樸到難以想像、與個人欲望絕緣的生活。在當時，新教徒被賦予某種「使命感」，使人人都變成守財奴，不停地追求利潤。也就是說，他們抱著**與個人欲望無關的「信仰動機」，拚了命地埋頭猛存錢**。

在新教中，**對資本主義發展做出最大貢獻的就是喀爾文主義（改革宗）**。喀爾文以瑞士日內瓦為據點，施行神權政治。神權政治指的是以神為頂點，由神的代理人來統治國家的制度。

喀爾文在日內瓦的神權統治，嚴格到了讓人難以置信的程度。他用道德規範嚴格管制每位市民，不管是政治、法律、生活，一切都要以聖經為準。市民被迫過著禁欲的生活，舉凡飲酒、賭博、姦淫都會遭到嚴懲。一旦犯戒就是「逮捕↓異端審判↓火刑」，十足恐怖政治。放到現代就好比以阿富汗地區為根據地的塔利班勢力「伊斯蘭國」。

但即使過著如此嚴苛的生活，市民們仍然打從心裡擁護喀爾文的高壓苛政。而且不僅是日內瓦的市民，只要是喀爾文主義者，不管住在哪裡，都紛紛奉行極度的禁欲生活。

為什麼人們能夠接受這種地獄般的生活呢？況且都禁欲苦行到這種程度了，為什麼還會如此執著於賺錢呢？──他們在很大程度上受到**喀爾文主義者的道德規範約束**。

「賺錢」是道德的表現?!

在這裡我們來看一下班傑明・富蘭克林（Benjamin Franklin）說過的生活信條。他是美國的政治家，也曾證明了雷即是電。不用懷疑，說的就是那位富蘭克林。成長於典型清教徒（嚴苛地對英國教會進行改革的喀爾文主義者）家庭的他，曾如此描述他的生活信條：

「時間就是金錢／信用可成黃金／錢能生錢，留有一分錢就能帶來更多錢／能獲取信賴之人，必定也是聚錢之處／必須正確記錄收支內容／思深遠慮與正直為人可以致富」

這、這這……說到富蘭克林，腦海裡浮現的印象是某個在雷電交加的天氣裡放風箏，打扮得像傑克船長那樣的瘋狂男子……原來他是這樣一個守財奴嗎？而且還守到很禁欲的程度……但這些特點正是與喀爾文主義者共通的「資本主義精神」。

這種生活信條對他們來說是道德的，而這道德觀裡最高等的良善，就是「賺錢」。但是他們所信奉的道德指標，到這邊就結束了，也就是他們並不追求「賺大錢之後的幸福生活」，而是**將一邊過著禁欲的生活，一邊拚命賺錢做為人生目的。這種道德觀正是「資本主義的精神（Ethos）」，以資本主義來說是極核心的部分。**

喀爾文主義者為了什麼工作？

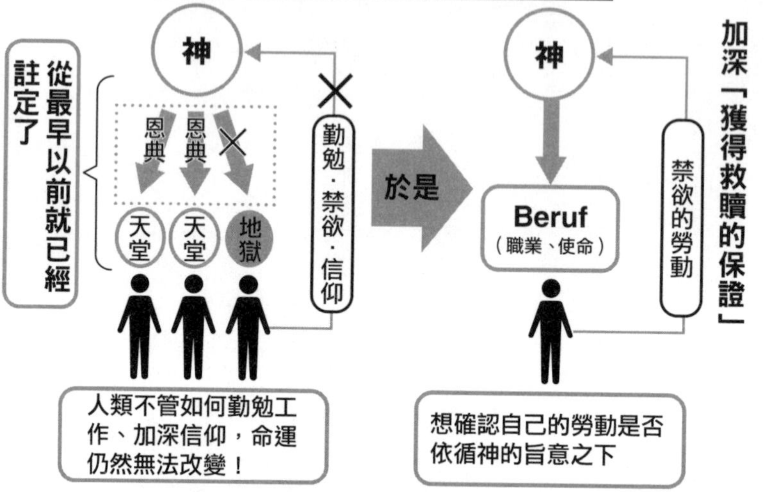
從最早以前就已經註定了
神
恩典
恩典
天堂
天堂
地獄
勤勉．禁欲．信仰
人類不管如何勤勉工作、加深信仰，命運仍然無法改變！
於是
神
Beruf
（職業、使命）
禁欲的勞動
加深「獲得救贖的保證」
想確認自己的勞動是否依循神的旨意之下

喀爾文主義者的這份精神，一舉改變了長久以來的勞動觀念。也就是說，人們從「為了生存而工作」轉變成「為了賺錢而工作」。他們力爭上游，忍受嚴苛的生活，比起消費更渴望提高利潤。這一切都是新的「精神」所賜予。

但是他們又為什麼執著賺錢到這種程度呢？這是因為對喀爾文主義者來說，**賺的錢多正是一種「得到救贖的證明」**。

使他們成為守財奴的原因，是對於錢的執著心，與他們的信仰深深地結合在一起。他們所追求的並非「在現世過著享樂的生活」，而是「來世的救贖」。他們是**為了在最後的審判來臨時，能獲得登上天堂的資格，每天禁欲的不停勞動賺錢**。

總之，他們的勞動是遵循宗教的教義而勞動。它並非以自身利益為優先的幸福主義式勞動，而是一種做到不合理程度的「職業勞動形式的奉獻」。更進一步地說，他們並不是認為這些工作因為人而存在，而是「人是為了這些工作才存在」。

說到頭來，對他們來說「工作」到底是什麼呢？

德語的「職業」一詞——「Beruf」，同時也有「使命、詔命」的意思，詔命指的是「最高主宰者（神）所給予的使命」。

將這個以前只代表「職業」意思的詞，加上宗教性的「詔命」意義的人，正是馬丁．路德。路德是比喀爾文更早投入宗教改革的先驅者，他認為人類唯一能使神感到喜悅的方法，並不是封閉在修道院那種禁欲（他認為那只是一種逃避面對現世責任的手段），而是在生活上執行自己的義務。

自此，生出了**「人類的職業＝神所授予的使命」**的想法，世俗的職業被賦加上道德的定位。

不過馬丁．路德的改革，有關於職業勞動的部分就只到這裡了。路德的職業觀念——「只有勤勉辛苦地工作才能讓神喜悅」，相對上算是比較消極的概念，並不至於到前述守財奴似的「資本主義精神」程度。

積極賺錢的職業觀，存在於喀爾文主義裡。

喀爾文主義的思想主軸建立在「預定論」。韋伯稱其思想為**「恩賜的選擇」**。我們來看看是什麼樣的內容。

首先人類不具有自我救贖的選項。這一點早在人類的祖先亞當及夏娃時就註定了。他們違背了神的旨意，偷吃樹上的禁果，被逐出伊甸園，所以人們打從生下來就背負著「原罪」。

也因為原罪，人類無法自我救贖。也就是人類失去了「只要在現世努力向善，那麼在最後的審判來臨時，將可以得到回報前往天堂」這條路。

於是人們想獲得救贖的唯一可能，別無他法，就只有靠神的「恩典」。而這一切在最早以前就都已經註定了。

「哎呀，那不就好了嗎，所以最後神還是會來幫助我們的嘛！」——可不能想得太快太美唷。因為神所預定的是非常恐怖的未來，那**預定了「最後誰會上天堂，誰會下地獄」**。

神所預定的事，憑人類自己的努力無法動搖。也就是不管教會舉行了多少神聖的禮拜、現世是多麼勤勉的生活、如何禁欲的辛苦工作，不管對神的信仰有多深，都不可能改變命運。把以上這些美德當成點數拚命累積，只不過是人類的一廂情願、自我滿足罷了。

喀爾文主義中所謂神的恩典，並不是對人類「以愛為出發點的恩典」。喀爾文所描繪的神是更加超脫的存在，比起基督教，更近似於猶太教的神。這位神是為了彰顯自己的榮耀而選上了人類。在**喀爾文主義中認為「神並非為了人類而存在」，而是「人類是因為神才有存在價值」**。我們人類只能在神的決定之下，一邊發著抖一邊拜伏聽從。

「哪有這樣的！神不是正義的嗎！」

可能有人會這樣大叫吧，但那種想法毫無意義。偉大的神，並不是渺小人類口中「正義」之類的狹隘思想所能揣測。

那麼到底誰會得救呢？——誰也不知道真正的答案。神是一種無法由人類的角度所理解、超越的存在，根據祂那人類無法計量的判斷標準，在很久很久以前就寫好了每個人的命運。

聽了這些話，人類被絕望的孤獨感、不安感所侵襲。誰都救不了我！教會、牧師、禮拜！連神都不救我！因此喀爾文主義者徹底否定了宗教儀式，逐漸走向排他性、個人主義的路線（因為宗教儀式明明就不能導向獲得救贖，只會讓人產生做了這些就能得到救贖的幻想，況且人類不管再怎麼依賴儀式，也永遠不可能得救）。

為什麼工作？喀爾文主義者的答案是……

那麼為什麼喀爾文主義者要勤勉又禁欲的辛苦工作呢？明明就已經知道辛苦工作也不會得到救贖了啊！

首先，神希望人類社會的構造及運作方式，全部都依循神的目的及計畫進行。人類的各種職業、工作理所當然也是為了榮耀神而存在。

而既然神是有計畫、有目的的，人們如果不依照自己被賦予的「天職」勤勉工作，不合理地實行，不去產生有益的結果，神便不會感到喜悅。

有三個衡量標準可以測定人們有沒有做到。那就是「**道德性（神所希望的勞動方式）**」、「**有效性（為**

神服務的勞動方式）」、「利益率（達成度的證明）」。

其中以「利益」最為重要。過去基督教將財富看成「誘惑的泉源、道德上的不端」，抱持否定的態度，但喀爾文主義則不然。他們是這麼想的：「我們依照神的旨意進行勞動，於是才產生了利益。那麼為了神而勞動並獲得利益，不就是更好的事嗎？這也是神所準備好的命定發展。」

於是得到結論，勤勉、禁欲的工作並獲得利潤，是符合上述三個衡量標準的職業勞動，而且**所儲存的利潤越多，「獲得救贖的保證」就越明確**。

人類必須拚命繼續增加這些利潤，因為人類是「受神之命來管理這些財產的僕人」，不把分內之事做到盡善盡美是不行的。

進一步地說，埋頭工作是一種「讓人過禁欲生活最有效的方法」。也就是說，努力工作能夠在獲得財富之餘，進而保護自己不受「不潔淨的生活」（飲酒、賭博、姦淫）所誘惑。

神只會給予對自己有用的人救贖，其測定方式是以「每個人對職業勞動的奉獻」以及「利益」成果為準。所以，**人們越是克制個人欲望勤勉工作、不斷蓄積財富的同時，就越能相信自己是「能得到救贖的那一邊」**。而在教會過著修道生活的那些人，絕不可能得到救贖。

長久下來，基督新教便獲得了經濟上的繁榮。韋伯活著的時代裡，舉凡德國資本家、企業主、近代企業的員工等，壓倒性多數都是具有新教色彩、個性強勢的人。相對地，在盛行天主教的國家裡，沒有哪個能展現出明顯的經濟成績。這之間的落差，任何人都能分辨出來。

他們「遵守戒律過著禁欲生活並獨善其身的態度」，很容易讓人聯想到猶太教。也正是如此，雖然宗教改革的基礎是「聖經至上主義」，他們不僅忠實地實踐基督新教的教誨，並且將猶太教徒的規範《舊約聖經》做為自己的生活規範（因此英國清教徒也被稱為「英國的希伯來主義」）。所以喀爾文主義和猶太教義，在「禁欲的最後才能成為被選上的人」這一點上是共通的。

「為了神，認真『克制個人欲望而追求利益』」——像這樣壓抑消費，一個勁地追求利益，在喀爾文主義之下形成了「資本」。也就是透過儉樸生活所累積出來的資產。至此，獲得金錢這件事，在道德觀上「問心無愧」。這種精神一步步地發展成了資本主義。

但是後來的資本主義裡，早期的禁欲概念已經被花花世界所「啟蒙」，天職義務的思想也只在宗教面上留下些許殘影，在生活中成了僅供參考的分量。**營利活動中的宗教色彩褪去，由對「競爭」的熱情取而代之。**

資本主義絕非「宗教改革的產物」。但我們不可忘記信仰與職業倫理的結合，對後來的資本主義造成了多麼不可計量的影響。

Point

基督新教教派的道德觀催生了資本主義。

28 《資本論》(*Das Kapital*, 1867)

卡爾・馬克思 Karl Marx

不同於一般人的想像，這並非一本直指資本家的罪惡、煽動人們的「革命之書」，馬克思想做的是以科學的角度來徹底探究、解明資本主義的真相。

卡爾・馬克思（1818 ～ 1883），德國經濟學家、哲學家。科學社會主義的創始者。與恩格斯（Friedrich Engels）共同創立了共產主義者同盟，並起草「共產黨宣言」。

馬克思不談論「社會主義」？

提到馬克思——不必說，大家也知道他就是「**社會主義思想的開山始祖**」。

相對於資本主義把目標放在「自由」，社會主義追求的是「平等」。能夠擁有自由和平等的話，當然兩者都想要，可惜目前還沒出現能夠同時賣出的店家。為什麼呢？因為**自由和平等兩者之間不可能完全並立**。

「怎麼會有這種事?!那麼多政治家嘴上不是老在說『我們要朝向實現自由與平等的社會這個目標去努力』嗎？」

很遺憾的，那只是政治口號而已。經濟上沒這回事。因為一旦講求自由，社會體就會成為競爭型社會，「貧富差距」開始擴大。這就是一種明確的「不平等」。那換過來改追求平等好了，這下又變成必須以權力對得到優勢成果的強者施加束縛，這樣優勢者就「不自由」了。因此，政治家們所說的「自由與平等」，大多數時候的意思其實是「在保有自由的同時，『盡量』降低不平等」。

自由與平等並不能「同時實現」，只能依「順序追求」。首先，人類是以「自由」為目標，人民揭竿而起推翻君主制，終於贏得心心念念的自由，不用再忍受特權階級的壓榨。自此以後，只要努力就能擁有自己的財富——這種「努力就能賺到錢」的想法，刺激著彼此的競爭意識，社會風氣也逐漸走向競爭化。

然而**自由競爭的社會將誘發出弱肉強食的風氣**。不知何時起，人們被清清楚楚地劃分成了「人生勝利組」或「人生失敗組」。

失敗組的成員是這麼想的：「如果這就是自由的結果，那我不要自由了。比起來，我更想要平等又民主的理想社會！」——這就是社會主義思想的起點。於是，**數量眾多的失敗組（勞工），最終打倒了金字塔頂端那一小撮勝利組（資本家），「社會主義革命」成功，而革命後所實現的平等社會就是社會主義社會**。這種思想的開山始祖就是馬克思。

嚴格來說，馬克思並非社會主義之祖，而是**「科學社會主義」**的始祖。其實在馬克思之前就有許多人在高唱平等，像是聖西蒙（Saint-Simon）、傅立葉（Fourier）、羅伯特．歐文（Robert Owen）等人。但他們所論述的是「空想社會主義」（又稱烏托邦社會主義），也就是「貧窮的勞工好可憐噢，我們來幫助他們吧」，這種「發自優越意識」的社會主義是行不通的。

由上位階層所給予的社會主義制度，只要上面的風向改變了，制度立刻就無法存續。這種不具有永續性的假平等，並不是人們所真心期待的平等。那麼就跟自由一樣，平等也必須要透過自己的雙手來贏取。為了紮實地奠定通往成功的道路，不能像那些有錢人一樣頭腦簡單，必須徹底瞭解他們的思考邏輯才行。

因此，只要能不斷地抽絲剝繭分析到底，最後一定就會誕生出能夠帶來平等社會的超酷思想。而這裡指的思想，就是科學社會主義，其始祖就是馬克思。

不過馬克思這位科學社會主義始祖，並沒有為眾人描繪出「未來社會主義的願景」。因為科學社會主義的根本，在於「存在決定意識」，也就是將思考徹底科學化，排除腦中浮現的主觀要素，改以科學基本的「分析物質、存在」為主。這種重視物質的思維叫做**「唯物主義」**。

由於馬克思本身是唯物主義者，因此不會去描繪「未來的願景」。那種東西是主觀性的產物。希望大家也能記住這一點。**馬克思並不討論社會主義。除了在《資本論》中一字不提之外，在其他地方也從來不曾具體地論述過社會主義。他所投注熱情的方向，一直以來都只有「我們應該打倒『資本主義社會』的分析」**。

此外，馬克思採用了黑格爾（G. W. F. Hegel）的**「辯證法」**進行批判，做為社會發展法則。辨證法是一種視**「矛盾（＝對立）為社會發展原動力」**的思維。

這種辨證法與唯物主義結合的產物可以叫做「辯證唯物主義」，而唯物主義角度下的歷史觀則稱為

「唯物史觀」（或稱歷史唯物主義）。將兩者結合後，就產生了這種思想。

「要說到製造出物質、存在的過程，那就是人類的『勞動』。而說到勞動本身具有的矛盾特質，就是指資本家與勞工之間的『階級對立』。既然對立正是社會發展的原動力，資本家與勞工階級對立的終點——也就是『革命』，將能夠讓社會變得更好。」

那麼現在就讓我們來看看馬克思《資本論》的內容吧。

將資本主義的結構徹底暴露出來的嘗試

《資本論》首先是從**分析「商品」**開始。

這實在很出人意料，因為說到《資本論》，理所當然會讓人認為這應該是一本糾舉資本家的惡行惡狀，煽動「大家都跟到我後面來！」的「革命之書」。

但是從前述的內容就可以知道，**這本書是根據科學的分析角度「暴露資本主義內部結構」的書**。既然如此，這本書從支撐著資本主義的兩大階級——「資本家與勞工」的連結點，也就是從「商品」開始進行分析，是極為自然的做法。

馬克思認為在資本主義的生產模式下，「商品是社會的財產」，並且是人類勞力具體化的產物。

這個**商品的價值是由「必須工作時數」而定**。必須工作時數，指的是勞工以自身勞動力做為商品**「進**

資本家如何剝削剩餘價值

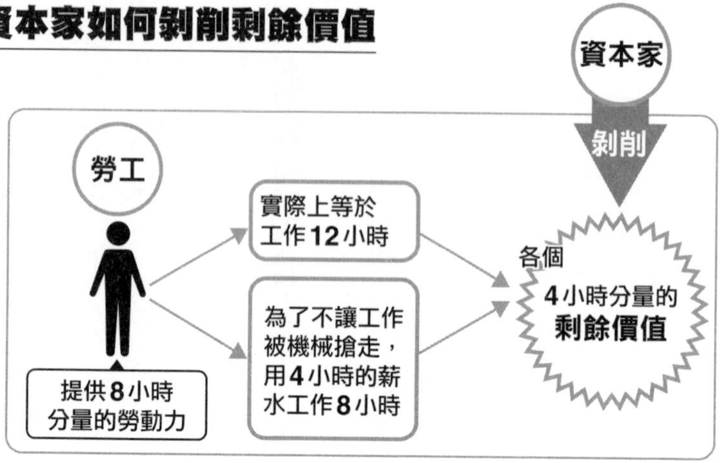
資本家
剝削
勞工
實際上等於
工作12小時
為了不讓工作
被機械搶走，
用4小時的薪
水工作8小時
提供8小時
分量的勞動力
各個
4小時分量的
剩餘價值

「資本家」與「勞工」兩個階級間所進行的剝削

行再生產所需要的時間」。換句話說，下班以後，就該是工人回家、吃飯、睡覺恢復體力的時候了。假設我的必須工作時數是八個小時，那麼我的勞動力價值就是「八小時的工作量」，而這就是決定商品價格的基準。

另外，**馬克思為了區別「勞動」與「勞動力」，將前者定義為「行為」，後者定義為「能力」，而後者的勞動力才能反應在勞動者的商品上。**

那麼，既然勞動力是資本主義社會的商品，勞動者就應該可以自由地將其賣給願意以更高價購買的人。如果能夠做到這點，就不會有奴隸制或壓榨勞工的情況了。

但實際上，壓榨剝削勞工的情況仍然四處可見，這又是怎麼回事呢？

對此，馬克思提出了「**剩餘價值**」的概念。

現實中的勞動者，工作得比必須工作時數更久。

舉例來說，資本家所付出的勞動力價值只有八小時的工作量，卻讓勞工整整勞動了十二小時。這表示，這位勞工在原本的勞動力對價（薪資）裡，多創造了四小時分量的價值。這份**「在必須工作時數之外多創造出來的價值」，就是「剩餘價值」，也就是被資本家剝削的部分。**

而這個剩餘價值隨著商品製程機械化的發展日漸擴大。因為機械化提高了生產量，反過來造成「勞動力價值下跌」。

簡單來說，有許多勞工因為機械化而遭到遣散、革職（由此流程產生的失業者叫做「產業預備軍」）。其餘的在職勞工為了避免自己也落入產業預備軍的窘境，不得不接受更低的薪資或被迫進行額外工作。其結果就是被資本家剝削的剩餘價值越來越多。換句話說，勞動者的薪資可以說是由產業預備軍的數量來決定。

結果，資本主義社會本來應該是打倒特權階級後所建立的「自由契約社會」，**但從資本家及勞工這兩種「新的階級」間產生不同於過去的另一種壓榨，仍然繼續折磨著勞工。**

為什麼勞工能勝過資本家呢？

對此馬克思分析——**資本主義本身帶有「巨大的內部矛盾」，終究會步向崩壞。**

馬克思將資本家的資本分為兩種：一種是工廠、機械等固定資本，另一種則是人的勞動力。前者為

「不變資本（C）」，後者為**「可變資本（V）」**。工廠及機械沒有人類加以操縱就無法產生新的價值，因此稱之為「不變」；而勞動力可操作不變資本，使其產生出新的價值，故為「可變」。

資本主義越是發展，資本家的資本比例就越趨向「不變大於可變」。也就是產業結構高度發展後，工廠和機械越來越多。雖然還是需要人來操作，但總資本中機械類的比例勢必越來越高。這就叫做「資本有機構成高度化」。

那麼這裡再把資本家所剝削榨取的剩餘價值設定為M，組成以下的關係算式：

- 資本家的剝削率＝M／V
- 資本家的利潤率＝M／C＋V

如果這兩個算式成立，資本有機構成高度化的進展將會相當不妙。因為工廠跟機械逐漸增加後，等於「C值越來越大」，也就是利潤率只有分母在不停的膨脹。

總的來說，意思就是**資本主義越是發展，資本家所獲得利潤就會越下降。這叫做「利潤率下降的規律」**。

注意到這個利潤率下降問題的資本家，將會更急於獲取利潤，為了擴大生產，運用資本買進更多機械。而C值越發巨大，利潤率會降得更低，於是進入惡性循環。

在這期間，勞工因資本家的需索無度而累積出憤怒，使階級鬥爭激烈化，在社會壓力達到頂峰時，「革命」將應運而生。革命是由「一小撮資本家面對憤怒且大量的勞工」，要做個比喻的話，就是「一人VS.一百萬人的打架」。必然是勞工會獲勝。而在這場勝利之後，才終於能誕生出平等且民主的理想社會……。

馬克思的理論，尤其到後半段相當粗糙，到底有沒有可能會這樣發展，實在無法下定論。

《資本論》在馬克思在世時只出版了一集，在他過世後陸續推出未完成的第二集和第三集，或許馬克也想要再反覆推敲，把理論修補得更加紮實吧。

不過，他所預言的資本主義的未來，已經對我們傳達了足夠強烈的訊息。

其實這次我讀的並非馬克思《資本論》的原書。那時候雖然非常想要挑戰它，但因為日本版《資本論》是「全套九本，每本頁數平均四百五十頁」的超重量級鉅作，眼看時間實在是不夠，最後還是只能割愛了。

因此，我這次讀的是由**大衛．哈維**（David Harvey）所寫的**《資本論入門》**，怎麼說也是上下兩冊總共超過一千頁的大作了。這是大衛以自己在大學授課時用的講義增筆修訂而成，從字裡行間可深刻感受到他的熱情，「希望現在的年輕人能更正確地認識馬克思主義」。

說實話，雖然是「入門」，水準卻相當高，中途有好幾次令我感到十分挫敗，但熟悉作者獨特的迂迴敘述筆法後，內容可說相當明確又有趣。

這位作者也說到，如果能拋開對社會主義的偏見，同時也拋開不想聽只想辯到贏的態度的話，在讀的時候一定能發現許多「正因為身處現在的時代，讀起來才更為有趣」的內容。

Point

本書並不是在煽動革命，而是對人們應當跨越的資本主義進行徹底分析。

29《異常流行幻象與群眾瘋狂》（*Extraordinary Popular Delusions and the Madness of Crowds*, 1841）

查爾斯．麥凱 Charles Mackay

從密西西比陰謀、南海泡沫到鬱金香狂潮，書中介紹種種人類歷史上的瘋狂泡沫時期，尤其注重描寫經濟崩壞時群眾心理所帶來的危險。

查爾斯．麥凱（1814～1889），蘇格蘭詩人、記者、作家。美國南北戰爭期間，以《泰晤士報》特派員身分前往戰地進行採訪。

想從歷史中汲取教訓是如此困難

這本書不僅完全不是「經濟學書籍」，甚至也不是「名作」。但它無疑是一本「最實用的書」。

這是描述各式各樣**「群眾心理」**的一本書，作者是蘇格蘭記者麥凱。他在二十一歲那年就當上新聞記者，在美國南北戰爭期間擔任《泰晤士報》特派員，後來專心寫作，才寫成了這本話題作品《異常流行幻象與群眾瘋狂》（日版譯名為《瘋狂與泡沫》）。

本書從被稱為「第一次泡沫經濟」的荷蘭鬱金香狂潮開始，狩獵女巫到鍊金術士、十字軍東征到毒殺風潮、詐欺到贗品、諾查丹瑪斯（Michel de Nostredame）的大預言等等，把這些人類過去歷史上因群眾心理而做出的種種愚蠢行為，蒐集摘選成書。不管哪個事件，都是「群眾像中了邪一樣，做出恐怖的妄想，導致最後整個社會都失去理智」。

再者，麥凱針對各個事件收集了相關的插曲後話，內容十分詳細。再加上筆法輕快，充滿臨場感，說真的，實在是超有趣的一本書。

但在感到有趣之餘，也讓人頗感心情複雜。

我在讀這本書的時候，一再感嘆「**唉，人類真是太愚蠢了**」、「**太蠢了才會反覆讓這些歷史重演**」，這不就表示我們一直沒能從歷史中學到教訓嗎？

關於「沒能從歷史中學到教訓」，作者在書裡有一段很有意思的引述：「西歐在無數次對亞洲侵略中消耗至十分疲軟……雖然反覆提到，但事實上人類不會因為沒做過的事而疲勞。疲勞是一種個人的狀態，並不能自他人身上繼承轉嫁過來。」

確實就是那樣沒錯。這不是一定的嗎，人類怎麼可能「從自己沒做過的事上學到教訓」。前人的愚蠢行為又不會刻進DNA裡遺傳給子孫，**我們能從自己過去的「經驗」中學習，也不可能從「歷史」中學到教訓**。

還有更糟糕的——哪怕是自己的「經驗」，人類都會很快就忘得一乾二淨。不管是未來的世代，還是現在的世代，只要再碰到泡沫化，人類還是會毫不猶豫地捲入其中吧。

本書並不是將人類的愚蠢行為收集起來做為「警告」用，而是在敘述一連串「有趣的事件史」。但對我來說，怎麼看都覺得是種警惕。說不定是因為我已隱隱感受到，我們也同樣未能從一九八〇年代日本前人犯下的錯誤中學到教訓的緣故。

人類所經歷過的三大「泡沫事件」

好了，現在就進入泡沫相關的話題吧。本書收錄了過去人類所碰到的三次「泡沫化」——密西西比陰謀、南海泡沫，以及鬱金香狂潮。

「密西西比陰謀」（或稱「密西西比計畫」）是發生在十八世紀法國的投機泡沫經濟事件。主角是一個名叫約翰．羅（John Law）的蘇格蘭人。他在父親過世後，獲得了一大筆遺產，便開始過起在賭場醉生夢死的放蕩生活。後來在一樁男女糾紛引起的決鬥衝突中射殺了對方，導致他不得不逃亡到歐洲大陸。

遠渡歐洲的羅仍不改舊習地出入賭場，很快就被各國標示為危險可疑人物。流轉在歐洲各國的他，最後終於在法國的賭場碰上了改變他一生的關鍵人物——菲利普二世，奧爾良公爵（Philippe II, Duke of Orléans）。

舌粲蓮花、擅長交際的他，很得公爵的喜愛。後來公爵為七歲就即位的路易十五擔任攝政王時，同時也任命羅出任法國王室的財政顧問。

當時法國由於先王路易十四的奢侈浪費、朝政腐敗，使國家財政陷入山窮水盡的窘境。公爵雖然有憂國之心，但他也是個厭惡工作、不願犧牲小我的人。對於自己正要好且才華洋溢的朋友——羅，所帶來的財政改善計畫，公爵之所以會如此言聽計從，某種意義上來說是理所當然。羅對於公爵現行的財政政策（用金銀含量低的貨幣來交換國民持有的舊版金銀幣，再用多出來的金銀鑄造新幣，運用差額重建法國財政）大加批評，並向他宣揚紙幣的好處。

最初紙幣是用來保證交換金銀時做為「存單」。也就是「把金銀存入銀行→接收紙幣替代→將紙幣做為貨幣使用」。紙幣的優點就在於「能夠發行得比庫存的金銀量更多」。由於會來銀行說「把這些紙幣給我換成金銀」的人少之又少，**當需要用錢時，只要印製更多紙幣就好，哪怕銀行裡並不存在與印製量對等的金銀，這樣就能擁有無止盡的金錢了**。

當然，這種把戲只要哪天碰到擠兌就會一次全完蛋。所以在獲准設立皇家銀行時，羅還曾經誇口表示「發行超過資金額紙幣的銀行家罪該萬死」，用來向民眾保證交換金銀幣時的安全。得到民眾的信賴後，法國開始流通紙幣，財政有了大幅的改善。羅的評價也一舉高升。

飽受信賴的羅接著進行**「密西西比陰謀」**。這個陰謀計畫是打算成立「密西西比公司」，用以取得與當時法國在美國的殖民地路易斯安那州（由路易十四取名）進行交易的貿易壟斷權。

據說該地區蘊藏十分豐富的貴金屬。那麼只要能壟斷貿易權，對法國來說就是一棵「點石成金的搖錢樹」。前景如此美好的事業，如果開放入股，資金必然會滾滾而來。這麼一來也不會造成國家財政負擔，不知攝政王陛下您意下如何……就是這樣的計畫。

在紙幣的成功之後，攝政王對羅抱有絕對的信賴，當然會給他公司的成立准許證。於是「密西西比

密西西比計畫（陰謀）

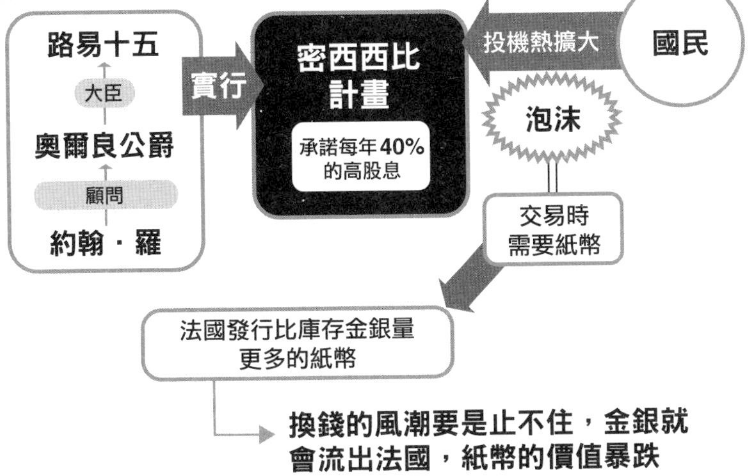

股份有限公司」就此誕生，**自此整個法國都被捲入了激昂澎湃的投機浪潮中**。

在上自攝政王、下至國民都投以信賴的情況下，羅的事業計畫引發了法國國民的狂熱。事業規模不斷擴大，甚至吸收了東印度公司，與其合併增資（發行新股）。羅甚至還加碼承諾**每年高達百分之四十的股息**。萬人信賴的羅、前景光明的事業、再加上超高股息，當時法國國內上下無不熱中於投資股票，不管是貴族或平民、官員，為了尋求少量已發行的股票，成群結隊地聚集在羅的住宅附近，興沖沖地以紙幣交換股票。

當股票交易活絡到這種程度，當然就會需要更多紙幣了。對財政一竅不通的奧爾良公爵，天真地認為先前就是靠發行紙幣才讓經濟發達起來，那麼再多印一些不就更好了嗎？於是**不停地增印背後沒有金銀做後盾的紙幣**。

但是**這美麗的泡泡，只要受到人群「不信賴」的強風吹刮，一瞬間就會崩盤**。

起因是某位貴族，準備了巨額紙幣想購買密西西比公司的新股，卻遭到羅的拒絕。在不滿之下，他前往皇家銀行把屬於自己的金銀提領一空（將紙幣換回金銀）。

接著其他抱有類似不滿的人也紛紛仿傚。而對情勢特別敏感的股票仲介人看到這個情況，心裡也開始感到不安，念叨著「該不會……」，並將皇家銀行的紙幣換成金銀送往國外。連帶著把昂貴的瓷器或寶石等財寶也都送往國外避難。

這種風潮一旦開始，接下來就迅速蔓延。

股民的不信賴，引起了更廣大的不信任感，**從法國的金銀開始，各種貴金屬和值錢的財產都流向了英格蘭及荷蘭**。不消多久，法國再也沒有任何人願意持有紙幣了。

而當然地，密西西比公司的**股價暴跌不止**。當皇家銀行的紙幣和交易都失去了信用，事業計畫本身自然也就沒有任何信賴度可言了，由於以上產品同樣都是出自羅的構想。到了這個地步，沒有人再做一夕致富的發財夢，一切都回歸於泡影。

羅在民眾的憎恨中離開法國，回去過他的賭博生涯，最後背負著許多債務死去。

羅的墓誌銘是這樣寫的——

「大名鼎鼎的蘇格蘭人長眠於此。

謀略之高天下第一，用無法理解的定律，把法國送進了醫院。」

幾乎在同時期發生的**「南海泡沫事件」**，也是類似的情況。

說穿了，就是得到許可證壟斷了南美洲及太平洋群島貿易權的「南海公司」，搭配謠傳中蘊藏有不計其數金銀寶礦的墨西哥、秘魯，又是一個看似能帶來莫大財富的投機企畫案，使英國人瘋狂隨之起舞的故事。

而他們明明見識了約翰・羅的密西西比計畫如何隕落，卻還是落進了泡沫陷阱。這之間多少受到英國與法國長久以來的競爭意識所影響，說白一點，就是自認為「聰明的我們和他們不一樣，沒問題的」，還有「不想輸給法國」的心態。

因此英國人對投資股票也狂熱起來，國內一面倒地抱持樂觀態度。要說有哪裡和法國不一樣的話，就是**南海公司用了許多手段（放出謠言或鼓吹樂觀）來炒高股價**，還有瞎掰鬼扯各種發財案例來吸金的**詐騙公司（這種公司被稱為「泡沫公司」）四處林立**。這種詐騙公司裝模作樣地發行股票，當肥羊們付錢買了股份後，隔天公司就消失不見的情況比比皆是。

而這種泡沫當然會破。**當人們對異常飆升的股價感到不安，開始賣掉股票來確認價值時，竟然連南海公司老闆都賣掉了自己所持有的股份**。導致這股不安一口氣擴大，股價不斷節節下跌，南海公司的經營陷入惡化，先前由員工蓄意炒高股價的手段也暴露了出來。

擔心會引起連鎖倒閉的英格蘭銀行，於是作廢了原先已通過的臨時救急方案，至此「南海泡沫」已完全破滅。

後來的發展，就跟任何國家泡沫經濟破滅後的情況相同。國民把自己的愚蠢放在一邊，用完全無辜的受害者立場爆發憤怒，窮追不捨地要把罪魁禍首抓出來。但同樣地，就算如此，隨著泡泡一起消失的錢也不會回來了。終歸是愚不可及的行為罷了。

荷蘭的「**鬱金香狂潮**」，其起因並不是來自國策公司推出的事業計畫，這點和前面兩個例子不同，但犯蠢的部分則毫無差別。

十六世紀中葉，這種珍稀優美的外來種植物自君士坦丁堡流傳過來，荷蘭人無不為它瘋狂。居住在阿姆斯特丹的富人們，以超出規定的價格購買從君士坦丁堡運送過來的鬱金香球根。後來這種迷戀擴大到中產階級，**人們就像是在進行一場為了買鬱金香球根誰能花更多錢的比賽**。而稀有品種的價格又分外高昂，有個投機者甚至不惜用十二英畝（約四．八公頃）土地交換在荷蘭僅有兩顆的球根。

另外，當時荷蘭會在證券交易所附近定期舉辦市集，股票仲介人還身任「鬱金香公證人」——鬱金香球根交易時的公職，也曾經發生過外國船員將球根誤認為洋蔥吃掉，或英國植物學家遭舉發剝掉球根外皮而被逮捕入獄等種種教人不可置信的情況。

只是這股狂熱終究也會冷卻。跟不上這股過度飛騰的流行的人們，開始**警覺到「不能再繼續這種愚蠢的行為了」，陸續變賣球根**。

一時間市場掀起了恐慌，出現越來越多賠錢的例子。當然，因買賣契約而衍生的各種紛爭也不斷增加，但法院以「因賭博等行為而造成的債務，不是真正的債務」為由，拒絕介入仲裁。也代表了這股鬱金香投機熱潮，已誇張到連法院都認定那是一種「賭博」的程度。

後來泡沫雖然平靜化了，但荷蘭經濟仍然受到深刻的傷害，需耗費許多年月才能恢復。至今荷蘭人依然對鬱金香情有獨鍾，但人們已經和那時不同，能夠以愛花的心情去愛它了。

無一例外的日本泡沫經濟

一路看下來，相信大家都能看出日本的泡沫經濟與前述幾個例子有類似之處。日本的情況是因為利率低，**大量現金流通在世面上，當時又正好有合適的投資標的（NTT股票或不動產），點燃了泡沫化的火苗。**

捧著從銀行貸來無窮盡的現金，眾人瘋狂購買股票和土地，使得日本以一種跟荷蘭不太一樣的方式猛地進入了「鬱金香大開放的中獎率變動狀態」（譯註：中獎率變動，日文為「確率變動」，柏青哥用語，機台進入隨時會出大獎的狀態，類似於聽牌）。NTT的股票僅僅兩個月就以「一股一百一十九萬日圓→三百一十七萬日圓」的幅度暴漲，日經平均股價從一九八五年的一萬三千日圓左右，在一九八九年末創下三萬八千九百一十五日圓（當時史上最高）的記錄，地價總額在一九九〇年飆漲到等值於「三個美國」的二千四百七十兆日圓。

然而一旦泡沫破了，NTT股票只勉強接近五十萬日圓（等同現在一百股單位的售價），日經平均股價在一萬八千日圓左右，地價總額約為八百七十兆日圓，跌得慘不忍睹。

終究，不管祖先大人們曾受泡沫經濟的業火如何焚燒，**只要不是真的燒到我們身上，人類就無法真正受到教訓**。所以當泡沫的業火燒到日本身上，美國和中國也仍然無法學習教訓，放任火苗延燒。鬱金香全面開放的中獎率變動，會不斷進行到每個人都破產為止。

Point

群眾心理會招來泡沫景氣。時機到來，別說是一個國家了，很可能世界經濟也會跟著崩壞。

30《動物本能》(*Animal Spirits*, 2009)

喬治・亞瑟・艾克羅夫 George Arthur Akerlof／羅伯・詹姆士・席勒 Robert James Shiller

即便現代經濟學已經發展到能夠事事都用科學來合理論證，其中卻仍存在由人類不合理的行為所創造的「傳奇事蹟」，本書以犀利的角度切入解明箇中緣由。

艾克羅夫（1940～），美國經濟學家。曾任柏克萊加州大學教授。2001年獲得諾貝爾經濟學獎。

席勒（1946～），美國經濟學家。曾任耶魯大學教授一職。於2013年獲頒諾貝爾經濟學獎。

經濟的運轉不一定永遠都合情合理

二〇〇八年的雷曼兄弟事件之所以形成「金融海嘯」，導致世界性的經濟蕭條，正是因為經濟學家和諸國政府都忘了上個世紀經濟大蕭條時凱因斯所揭示的訊息，人人都選擇獨善其身才會落得這個下場。那條重要的訊息就是**「動物本能」**（Animal spirits）。動物本能指的是潛藏在人類心理中**「一切不合理的東西」**。

經濟學從某天開始以「符合科學」為目標。既然是一種「科學」，所有的一切都必須要有合理的解釋。這麼一來，無法合理解釋的因素就全部歸類在「雜音」裡。雜音必須排除。現在既有的經濟學，全都是**將凱因斯的《一般理論》掐頭去尾，徹底去除了那些相干或不相干的雜音**。因此，現代的標準經濟理論，雖然經過洗練變得明快簡潔，但卻缺少了關鍵的部分，成了非常不完整的替代品。

但說到動物本能，這絕非什麼可以當成雜音踢一邊去的旁支末節，它是人類在決定許多行動時「不可忽視的要素」。

亞當斯密所設想的市場模型只存在於「理性的參與者」。他們只根據經濟面的動機而動，行事合乎理性。在這個前提下，「看不見的手」才能正確運作，經濟得以和諧發展。但**現實中的市場多得是「不理性的參與者」**，他們既會判斷損益後行動，也會為不符合損益的原因行動。像這種環境，就算是有神之手來插手幫忙，大概也無法把市場導向正確方向。

父母親的任務是要建構出「幸福的家庭」。為了這個目標，必須限制孩子的動物本能，使他不會做出失控的事。

而放眼現在的政府，不知何時把自己的角色誤認為「溺愛的父母」，什麼規則都不訂，任憑孩子放縱動物本能亂來，才會演變出現在的華爾街。

受動物本能驅動的華爾街，已悄悄變成巨大的雲霄飛車，載著許多乘客不斷地上升再上升。而在這個遊戲裡，沒有高度限制或速度限制，更沒有安全裝置。等到這些參與者發現自己上的是一台雲霄飛車時，它就會開始往地面俯衝。

亞當斯密在基礎上是正確的，但**他的理論卻無法說明為什麼現代經濟會變成「無人能停下的雲霄飛車」**。而且也無法說明，為什麼人們會熱中於把全部身家拿去買一棟根本不會去住的鄉下透天厝。這些都是要以經濟理論為中心，從動物本能的角度切入才能去看到的奇妙東西。

話雖這麼說，但我個人覺得亞當斯密恐怕早就已經注意到人類具有動物本能的一面了。但他把這部分包含在「抱有追求利益的欲望及自利心的人類」裡，以當時來說，這種經濟模型參與者的設定還略顯簡單生澀，可是不也表達得十分立體了嗎？

因為自利心和欲望，都是人類與生俱來的「基本功能」。只憑藉基本功能行動，確實人類會是在基礎上合乎理性的參與者。但本書所要論述的**動物本能，是指人類的「弱點」。有時候弱點也會激發出不得了的能量，把一切都拖下水**。亞當斯密沒有想得這麼遠，也說不定他是太小看了人類發自「弱的力量」吧。

動物本能的五種面貌

那麼我們也差不多該來接觸一下動物本能的內容了。相信看了這些，任何人都會認為經濟面有必要將動物本能考量在內吧。

動物本能具有五種面貌。這五種特質將在人類做經濟決策時發揮重大的影響。

【信心】

這是最基本的動物本能。在這裡，信心指的是「**對於可信賴的事物產生的倚賴**」，不等於一定會導向合理的行為。

動物本能

- **1 信心** → 當信心在社會蔓延，能使經濟欣欣向榮，而一旦失去將使群眾陷入恐慌
- **2 公平性** → 當環境欠缺公平性，「信心」會有隨之崩塌的危險
- **3 貪腐與背信** → 將變得無法正確認識通貨膨脹、通貨緊縮等
- **4 貨幣錯覺** → 以帶有惡意動機的經濟行為，為社會整體帶來不良的影響
- **5 故事** → 當國民全體相信同一個故事（站在共同立場）時，將形成足以動搖市場的巨大力量

人對於可信賴的對象所給的意見，就算內容讓人感到有些不合理，也多半會聽從。但如果對那人失去了信賴感，就算對方給了正確的意見，人們也不願意接受。

把這種心理現象帶入經濟層面的話，當社會上**蔓延著「信心」時，人們會沒來由地感到無所不能，失去合理的判斷、壓下各種疑心，經濟呈現欣欣向榮的雲霄飛車狀態。**然而一旦不安感蔓延開來，失去「信心」支撐，人們將無法做出理性的判斷，變得像旅鼠群一樣，搶著往恐慌裡衝。

如果「信心」的本質是一種「倚賴」的話，那麼處在信心狀態下的群眾所進行的行為，也談不上是否出於理性了。因為這「不是經過本身思考過後所做的行為」。每個人都以為自己思考過了，但其實不然，大家只是跟著周遭傳來傳去那些毫無根據的無敵神話在行動罷了。

【公平性】

公平性是構成人類良心的一大要素。《動物本能》裡指出，**「獲得幸福的行為」不可恥的行為」**，人類不僅會對自己這樣要求，也會以此觀念要求他人。因此，如果自己被人指責不公平，內心會覺得受辱，而受到不公平對待也會感到憤怒。

過去經濟學一向輕忽這種追求公平性的本能，但這本書把它列為動物本能之一，予以重視。因為人類如果認為「公平性＝導向幸福」，那麼在經濟上欠缺對公平性的考量，將使人們產生「會發生不好的事」的預感。

總的來說，**欠缺公平性，很容易導致「信心」等最基本動物本能面臨崩潰的危險**。

【貪腐與背信】

貪腐與背信是一種會對正常經濟產生莫大傷害的動物本能。無關乎違法或合法，任何懷有惡意動機的經濟行為，即使形式上是合法的，也都可視為背信棄義。

資本主義不好好套上轡繩，三兩下就會走上貪腐與背信的道路。因為資本主義的本質就在於「追求利潤」。**賣得好的商品，並非「人人所必需的東西」，而是「人們『以為自己必需』的東西」**。也就是說，只要能讓大眾產生「想要！」的心情，不管是仙丹妙藥還是哪來的蟾蜍油，統統都能臉不紅心不跳地拿出來賣，這就是資本主義。總是免不了有貪腐與背信的情況發生。

在**雷曼兄弟事件**中引發的「**次級房貸風暴**」，正是貪腐與背信的傑作。「發放房屋貸款給低收入族群」，任誰都知道不可能有好下場，但這些融資公司卻以「低利率（只有一開始）」做魚餌，先釣來大批低收入族群，發放房屋貸款給他們。接著，打從開始就不相信這些貸款人有還款能力的融資公司，把這些體質不良的貸款債權分拆成小單位，和其他的金融商品打包後高價賣出，甚至還包裝成證券銷售。聞名遐邇的大公司用自己名號替這些垃圾商品鍍金，然後搭配高價格出售，用如此細心的方式進行貪腐與背信，也無怪乎人們對商品產生「信心」了。

而這些**次級房貸證券，在切割風險後，進行重新包裝，再用衍生性金融商品的名頭調味，就成了像「闇鍋（黑暗火鍋）」一般，裡面不知道放什麼鬼東西的商品**了。然而就是這些名門公司的高規格，讓人們產生了「信心」。

信心會麻痺人們進行合理判斷的能力。人們一個個笑咪咪地搭上沒有高度限制的雲霄飛車，只顧著拚命往上看，像煙一樣慢慢地升上去了。

【貨幣錯覺】

即使物價漲了這麼多年，一般人還是習慣以眼見的金額（貨幣上的數字價值）來判斷價值。

舉例來說，假設現在上網搜尋「週刊少年雜誌五十週年記念號」那一期。等網頁一列出來，這本以王貞治為封面人物的週刊雜誌上印的標價是「三十日圓」，人們一看到標價都會直覺喊出：「哇，以前的雜誌好便宜！」這表示**人們居然對通貨膨脹這麼沒有概念**。這就是「貨幣錯覺」。

如果勞工對薪資水準抱有貨幣錯覺的話，就算物價因通貨膨脹而上漲兩倍，他們看到「日薪七千↓一萬日圓」的徵人廣告，也會有「天哪，太讚了吧！」的錯覺，而紛紛靠過去。

反過來，如果通貨緊縮使物價跌到原本的一半，這時公司宣布薪水「一萬↓八千日圓」，員工就會覺得「降這麼多，根本活不下去了」，造成許多人離職。

如上述情況，用「**當物價上漲（通貨膨脹）時失業率下降，物價下跌（通貨緊縮）時失業率上升**」的交互影響關係，所繪製而成的圖表叫做「**菲力普曲線**（Phillips Curve）」。

菲力普曲線顯示出，**通貨膨脹和失業率之間具有抵換**（Trade-off）**關係**。也就是說，「這邊成立的話，那邊就不成立」。所以這個圖表是建立在「勞工必定抱有貨幣錯覺」的前提之下。

事實上這種貨幣錯覺也是動物本能之一。和其他幾項本能比起來，貨幣錯覺看似不起眼，但如果政府在政策上忽略它，就會形成巨大的問題，動輒造成失業率上升。

失業是非常嚴重的社會問題。政府自然不能任由失業率上升，因此有必要採取一些讓失業率下降的政策，並承受一定程度的通貨膨脹。但這時卻出現了一位大唱反調的經濟學家，也就是傅利曼。

一九六七年，當時擔任美國經濟學會會長的傅利曼，以「**勞工並沒有貨幣錯覺」為前提，提倡盡可能壓低通貨膨脹率的政策**。

他認為，勞工並不會被眼前的名目薪資迷了眼，而會去思考實質薪資的增加或減少。因為他們總是很簡單地想「這些錢能買到什麼東西」，會在腦中將薪資換算成物資，因此他們不會有貨幣錯覺。如此一來，勞工們要求的加薪，並非追求表面數字的提升，而是要求「能確保生活水準的實質加薪」。（編註：名目薪資就是表面上的薪資。但由於物價上漲，購買力減弱，實質薪資不增反減。也就是說，把物價漲幅算進去，薪水漲幅趕不上物價漲幅，實質薪資就會倒退，等於變相「減薪」。）

傅利曼大手一揮——根本沒有什麼菲力普曲線的抵換關係（或稱反向關係）！提倡壓抑通貨膨脹率的政策，將失業率穩定在**「自然失業率」**（與通貨膨脹無關，保持在一定比例的失業率）範圍。

但這也太高估勞工們對通貨膨脹的嗅覺了。事實上，**勞工確實有貨幣錯覺，而且就在通貨緊縮的時候**。

的確，勞工會在通貨膨脹時要求提高實質薪資，但在通貨緊縮時，卻不會進行實質薪資的協商（這種情況稱為「減薪談判」）。也就是物價上漲時要求加薪，物價下跌時閉口不談減薪。因為不管在什麼情況下，**勞工對於「減薪」總是會感到「不公平」**。但實際上既然物價下跌了，「人力薪資應該下修才公平」。

像這樣，**勞工薪資是一種很難調降的東西（＝具有向下僵固性）。而這就是勞工確實抱有貨幣錯覺的證據**。

那麼由此可證，在通貨膨脹與失業率之間的抵換關係確實存在。無視其原理，強硬壓低通貨膨脹率的做法，在經濟政策上極不妥當。

【故事】

人生就是一個「故事」。**每個人都會以自己的人生故事做基軸來衡量其他事物，然後所有的發展圍繞著這個故事形成記憶。**

看看身邊的老人家，就能明白所有的記憶都以故事為核心，他們就算言行舉止退化到連日常生活都應付不好，也還是能一遍又一遍地講述自己過去的輝煌事蹟。

這個「故事」，也是動物本能之一。故事支配著人的思考和記憶，不擅長應對隨機狀況。完全任由隨機狀況發展的結果，便無法排列收整為故事。

生活中並不是所有的事都有意義，有時也會發生一些毫無意義的事。但戴上「我的故事」這副有色眼鏡來看的話，那些原本毫無意義的事物就成了「我的故事色」，自然就能看出點什麼意義來了。也就是從這個角度，產生了犯下巨大錯誤的可能性。

最麻煩的地方在於，這些**故事能動搖市場。全體國民共享的故事就是「信心」或「不安」的根源，它會像病毒一樣往全國各地擴散，動搖股市行情**。例如日本的泡沫期，所有人共同抱有「土地和股票會不停漲上去」的故事，每個人都感到信心十足。這時如果改寫故事，把不安感傳播出去給所有國民，就可能讓市場整個崩盤。

這本《動物本能》，除了說明以上五種面貌之外，也運用動物本能的角度切入解答「為什麼會不景氣」、「為什麼為將來存的錢不要太超過」、「為什麼黑人特別窮困」等八個相當尖銳的問題。

讀完這本書，可以清楚感受到**人類有多麼脆弱，無法像經濟學者所預想的那樣選擇恰當的行為**。

未來的經濟學，不能再將人性中的動物本能當作一種特殊情況而輕忽它。作者雖然大聲疾呼「應該把動物本能當作主軸！」，但再怎麼說，我覺得那樣還是有點超過了。不過，經濟學要是完全排除動物本能的話，就更要不得。

以後的經濟學者應該「也要多注意動物本能」，至少也該以「可預測的錯誤」之類的角度做點研究才行。

Point

人類太容易做出不合理的行動，經濟無法僅憑純粹的理論概括說明。

31《二十一世紀資本論》（*Le Capital au XXIe siècle*, 2013）

托瑪・皮凱提 Thomas Piketty

今後世界貧富差距會持續擴大嗎？
法國新銳經濟學家分析貧富的落差，
以及應該朝向的國際資源分擔結構框架。

托瑪・皮凱提（1971～），法國經濟學家。為巴黎經濟學院教授，2013年出版著作《二十一世紀資本論》一書全球熱賣。

貧富差距正在擴大嗎？

「完了……」——看完這本書，我整個人虛脫地喃喃自語。

這樣開頭，大家可能會以為「難道皮凱提的《二十一世紀資本論》是一種末日思想嗎?!裡面是不是預告了超黑暗的未來，讓蔭山看了都絕望啦?!」，其實不是，是因為這本書太厚了。這位法國新銳經濟學家的大作，長達六百頁以上，而且還非常難讀。裡面收錄了**過去三百年份世界各國的各種相關統計數據，密密麻麻地塞滿頁面**。

《二十一世紀資本論》確實是本很厲害的書。內容新穎，切入點也很新鮮，加上皮凱提嘴巴跟個性毒辣得剛剛好，整體都很對我的胃口。直白地說，這是超有趣的一本書。但要到達「有趣」的階段，不得不先跨越多到無法計算的「統計數據沼澤」。這段征服旅程長得可怕。

沒完沒了的統計數據，根本就像是地獄。就算內容很新穎，也還是得從枯燥的部分開始。尤其這本書是在五百頁左右的章節最有意思，但死命讀到那邊時，不論任何人大概都已經意識模糊了。

我在跨過那片沼澤時，也昏過去好幾次。上次體驗到這種痛苦，應該是高中時候吧。當年的我，為了戰勝睡魔，超 MAN 地用圓規狂刺手。不過再怎麼努力掙扎，後來還是帶著流血的手睡死過去。沒想到這次我又走上類似的路，這次不用圓規了，我在眼睛周圍塗了小護士，但最後結果還是沒變，只是這回是流著淚睡著。看來我的男子氣概終究征服不了這片沼澤。

這時現身救世的是我家那三隻貓孩子。牠們發現了失去意識趴在書桌正瀕臨凍死的我，「主人不好了！」立刻飛撲到我大腿和頭上，專心搓我的臉、拚命找我身上可以坐穩的地方蜷好。經過牠們一連串的復活大法（？），我這一臉目油的乾屍才能一再地活過來。

標示出貧富差距擴大徵結點的算式

這是一本講述「財富分配不均的原因及對策」的書。

話雖如此，可不是把史迪格里茲的學說拿來老調重彈。史迪格里茲對於「把新自由主義式的全球化經濟打包外送給開發中國家，造成了今日的南北落差」感到相當憤怒，而皮凱提的切入角度和他完全不同。

皮凱提所提出貧富差距擴大的原因

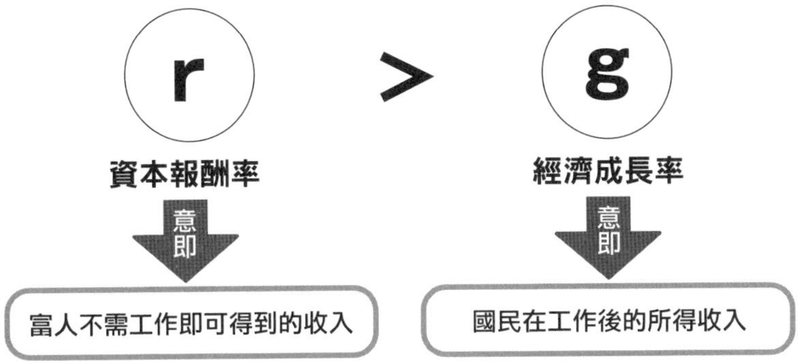

經濟成長率越低，資本家與勞工的貧富差距就越大

皮凱提把**貧富差距擴大的原因**用一道算式表現出來。其算式如下：

「r＞g」（即資本報酬率大於經濟成長率）

皮凱提的思想全部都能導向「r＞g」的算式中。

「r」代表的是**「資本報酬率」**。資本也就是所謂的「財富」或「財產」，其主要構成形態為金融資產（存款、股票、國債等）以及工業資產（工廠或機械等）。而從中所獲得的收益（＝資本所得）比率就叫做資本報酬率。也就是說，資本報酬率就是「這些資產帶來的利潤、股息、利息、股票上漲和租金等收益相對於所持有資產總價值的比例」。換句話說，資本所得也可以說是「富人不必工作就能獲得的收入」（不勞所得）。

而「g」代表的則是**「經濟成長率」**，也就是「每個國家一年間全體國民所得相比前一年所得的增加率」。附帶一提，全體國民所得，是剛看到的資本所得加上勞務所得（國民的工作收入）的總和。

用概括方式來說明「r＞g」算式的話，就是**「富人不工作就賺到的錢，比勞工工作所賺到的錢還多」**。如果這個情況屬實，那麼**經濟成長率降得越低，資本家和勞工間的貧富差距就會拉得更大**。而現今二十一世紀正是一個全球經濟發展趨緩的時代。

皮凱提將「r＞g」算式稱為**「根本性不等式」**，點出了不勞所得遠遠高於勞工薪資所得，是一種無法動搖的事實。

至今以來，大多數經濟學家都是以「直觀」的態度看待貧富不均，只把「規模、水準」當成命題。**也就是根本不做些什麼統計數據**，憑空扯著喉嚨喊：「詳細情況我是不知道，但貧富差距這麼大也太糟糕了吧！」

但皮凱提以數據資料為根據，仔細分析貧富差距。比起規模，他更在意「結構」，意思是指他更重視「貧富差距是怎麼形成的」。而在這個題目中，他注意到的是**「資本所得以及可繼承財產所造成的貧富差距」**。

為了更好瞭解他的想法，就先從**「資本／所得比」**這個詞開始說明吧。

資本／所得比所代表的是**「該國的資產相當於多少年份的國民所得」**。**比率越高，代表資產越多，資本所得（富人的不勞所得）自然也更高。也就代表貧富差距擴大了**。

而資本／所得比在**國民儲蓄率提高或是經濟成長率降低時，都會升高**。這可大大不妙。因為就如先前所說，在二十一世紀的今天，全球經濟成長都趨於平緩了。而且成長率弱下去的勢頭根本止不住，這是為什麼呢，因為**經濟成長率本來就應該「低才正常」**。

「怎麼可能！那日本和歐洲在戰後的高度成長率是怎麼回事？還有中國等新興市場國家目前也在急速成長中又怎麼解釋？」

不難想像大家的震驚，但這種高速成長並不是一種恆常的狀態，而是一種叫做「**catch-up**」的經濟現象。**catch-up**是一種「追上、拉近差距」的現象。比如因為某種原因導致技術落後的國家，在導入新技術後進入爆炸性成長期，就是一時的現象。

世界大戰後百廢待興的日本、歐洲諸國，還有正值開發中市場階段的中國，只不過是有相當多「追趕」的空間而已。經過一段時間的「急起直追」，實質上的世界經濟狀態越來越接近原本該有的狀態時，就不會再有如此驚人的經濟成長率了。除非突破性的創新頻繁發生，否則國民所得無法再高速攀升。結論就是——經濟成長率本來就是以偏低為基本狀態。

順道一提，皮凱提認為，在日本、歐洲高速成長時期，英國和美國由於不理解這是一種「對方趕上來的差距縮短」現象，反而因他國的成長感受到威脅，最後才間接導致了柴契爾夫人和雷根的「保守派革命」。

兩人將英美經濟成長率低於日歐的原因歸咎於「福利國家路線」，另一方面也為了吸引北歐盎格魯撒克遜實業家的投資，認為有必要重新採用十九世紀的「小政府」路線，大力推動減稅、放寬規定、民營化等政策。

也因為這些政策，一九八〇年代起美國大幅降低所得稅率，形成一股激勵國民追求高所得的風氣，最後出現了「年收入幾十億」這種不合常理的「**超級大老闆**」們。

皮凱提認為這些超級大老闆們也是形成新的貧富差距的主因，但這部分已經有有效的對應策略，並不成問題。

簡單來說，只要像以前一樣，對他們課徵最高稅率即可。這邊附帶提一句，皮凱提心目中已開發先進國家最恰當的最高所得稅率，居然是「百分之八十以上」！原來如此，確實，如果所得稅的累進稅率最高達到百分之八十的話，就算所得有幾十億，也大多是在「為國家作嫁」而已，大老闆們賺得越多越心痛。

回到「經濟成長率低才正常」的話題，對於二十世紀末～二十一世紀初亮相的劃時代「IT革命」，皮凱提認為它還不足以成為高成長的主因。IT革命只是將近來的資訊技術規格統一化，導致快速普及而已。這樣的革命對於提高整體經濟的生產率沒有太大貢獻。另外如戰後日本驚人的高度成長，在他看來也並非「奇蹟」，只不過是一種「縮短距離的機械性發展」而已（好傷心啊）。原來就算懷著「回想那時日本人的衝勁加油啊！」的心情拚經濟，也只是在癡人說夢啊……。

然後**經濟進入長期的低成長期，過去既有的資產，價值卻依然居高不下**。因為市面上既缺乏新的產出，也就沒有通貨膨脹。這也代表——富人既有的財產持續保有高度價值，而不勞所得當然也還是那麼多。這樣貧富差距怎麼可能縮短。

再加上今日世界已進入**「人口下降模式」，這也是個棘手問題**。「不不不，世界人口一直有在增加啊」，可能還是有人這樣想，但人口仍在增加的只有非洲和亞洲某些地區，而且其「增加率」也已經在下降。已開發國家的人口數量，都在停滯狀態，甚至是負成長狀態，這是非常糟糕的情形。

因為人口一旦減少了，首先面臨的就是**「國家生產力下降（＝國民所得降低）」**。光只是這一點就會讓「r＞g」變得更加嚴重。

更何況已開發國家人口減少，普遍家庭都只養育一兩個孩子的話，以遺產方式繼受家庭資產的繼承人也變少了，就成了沒完沒了的「資產集中」現象。

集中的資產會以**「規模經濟」**（隨著資本量增加而提高報酬率）的方式運作，能比資本較低的人更有效率地擴大資本所得。而且**資產收益會「累積增長」**，就算短期內沒有特別明顯的高額收益，長期來看就能累積出驚人的報酬。借用皮凱提的說明——「將年利率 % 的收益複利計算幾十年，起初的資本自然就會極大規模地增加」。

皮凱提的解決方案就是創立全球規模的課稅制度

當看穿了資本所得造成的種種弊病之後，不得不著手進行的對應政策也有了輪廓。

皮凱提的建議是**永久性課徵「累進制的全球資本稅」**。

二十一世紀的今天，造成貧富差距擴大的條件全都有了，經濟危機、低成長、人口減少等等，各國財政都已顯出疲態。為了解決這個時代的難題，皮凱提認為課徵累進制的全球資本稅，是最理想的解決方法。

現今歐洲諸國都背負著巨大的公共債務。其金額之大，已經到了「債務危機」的程度，要還清得花上幾十年。想要紓緩困頓的國家財政，有「稅收與借款」兩種方式，怎麼想都是稅收較值得期待。借款在條件上有各種缺失，況且發行國債等於增加富人的資本所得，導致貧富差距越來越大。**而與其從有錢人手上借錢，「課有錢人的稅」才是妥善的方法。**

那果然得靠長期徵收的累進資本稅了。也就是**從大把賺取不勞所得的有錢人身上，每年對其財產課徵稅收**。這麼一來，資本報酬率下降，貧富差距縮小，國庫也從中受惠。再進一步訂下通貨膨脹的目標有效地操作，減輕債務負擔，即可比預計的年數提早脫離債務危機。

這種情況下，也可以「提高所得稅的累進稅率」，除了對美國的「超級大老闆」課稅之外，針對這個二十一世紀的課題，徵收累進資本稅是更能期待的解決之道。**二十一世紀是個資本差距不斷擴大的時代**。說到這累進所得稅，其實是為了「因資本差距形成所得差距問題的二十世紀」所想出來的辦法。

說起來皮凱提也不是全盤否定差距的存在，他**對於「正常的差距」是抱持接受態度**。在平等的民主社會裡存在貧富差距也沒關係，但前提是這些差距並非偶然條件造成，必須是來自理性且普遍的定律。

總歸來說，他的想法就是——**由財產代代相傳而造成的貧富差距，於民主主義上是不對的，「如果差距**

是來自每個人努力的程度不同就 OK」。

但這種**累進資本稅必須是全球規模的稅制才行**。因為今日的金融資產已經徹底全球化了。就算有哪個國家訂立了這種稅制，金融行為卻發生在其他國家的話，也還是成不了事。

話又說回來，這種稅制必須搭配極度高水準的國際金融透明度才可能成功。當然這也包括要對「避稅天堂」訂立規範及保證資訊透明化。而這是相當困難的事。連皮凱提自己都說這是一種「烏托邦的想法」。以現況來說，要實現此種稅制，可以預見是困難重重。但光是致力於這件事，也等於讓縱橫世界的資本主義確實地往民主主義移動一步了。

皮凱提相信民主主義的可能性。他堅信**唯有民主主義才能控制住已經失控暴走的資本主義**。有很多人批評他是個「理想主義者」、「欠缺現實概念」，但放眼看去現今經濟學家大多為資本主義護航，像他這樣的叛逆分子，格外令人有好感。

最後附上我在拜讀此書時寫的「讀書筆記」，希望能成為各位的參考：

- 不要以太短淺的幅度查看歷史（盡量從長遠來看）。
- 鋪陳樸實無華，內容出奇新穎。
- 統計數據和分析相當多。好在章節最後一定會有「總結」說明。
- 每個章節會有重點小標題，可以推測出大概內容。

・變得很想讀巴爾札克（Balzac，法國小說家）的《高老頭》（*Le Père Goriot*）。
・對高階層的詳細分類頗為有趣，把「10％高階級分子」再細分成「9％高階級分子」與「1％最高階級分子」，雖然同屬高階層，但實力天差地別（好比《七龍珠》裡的基紐特戰隊跟弗利沙的差別）。
・意識漸漸模糊了……好想睡……靠毅力讀下去啊！

Point

經濟成長率下降會造成貧富差距擴大，而解決方案是創設國際稅收制度。

32 《經濟學原理》（*Principles of Economics*, 1890）

阿爾弗雷德・馬歇爾 Alfred Marshall

批評脫離現實的理論為「閒暇的無病呻吟」，認為應當將市場定義為不斷在變化的東西，並加上時間流逝等變因來推敲分析其變化狀況。

阿爾弗雷德・馬歇爾（1842 ～ 1924），英國經濟學家。在劍橋大學擔任教授職，是劍橋學派（新古典經濟主義）的創始人。

描繪出活潑、變化萬千、動態的經濟真實面貌

馬歇爾是新古典學派最代表性的經濟學家。他以劍橋大學教授身分創立了「劍橋學派」，培育出凱因斯、皮古等經濟學家，可說人才輩出。此外，他所撰寫的《經濟學原理》，繼彌爾（John Mill）之後，長期以來成了經濟學標準教科書。

馬歇爾受彌爾及進化論的影響很深。他從彌爾的學說中瞭解到社會正義，把消解貧困設為自己經濟學的主要命題。不過，他的目標並不是矯正不平等，而是想**「提高生產性使全民的所得水準提升」**。再者，他也受到達爾文的進化論影響，將市場視為會「變化」（＝動態性）的東西，與瓦爾拉斯的「一般均衡理論」（認為市場在本質上並不具有讓所有市場趨向徹底供需平衡的變化能力（＝靜態的））不同，馬歇爾構築的是以成長、發展為軸心的經濟學。

那麼，以具動態變化為前提來進行市場分析，會是什麼樣子呢？馬歇爾把時間均分成四個區段，並標示出市場隨時間流逝逐步變化的狀態，其順序是「**暫時均衡→短期均衡→長期均衡→超長期均衡**」。

剛開始出現的暫時均衡是來自「供給量恆定時的均衡」。這時候就算需求量增加了，企業也不會增加供給量，因為企業無法判斷增加的需求是一時的，還是會有長期需求。簡單來說，就是企業還在評估狀況。

在評估之後，企業認為這股需求將持續一段時間，那麼市場將進入「短期均衡」狀態。這是「在一定的生產設備下的均衡」，企業對於增加的市場需求，不會立刻購置新的設備，而是想辦法提高產能。再來確定這股增加的需求是市場真的擴大了，接下來出現的就是「長期均衡」狀態。這是「投資新設備（或有其他公司也投入生產）後的均衡」。此時企業的生產性實質上提高了，市場整體的所得水準終於開始上升。

最後來到「超長期均衡」。這是「產業結構本身或因資源、人口等原因變化下所形成的需求」。來到這一步，和前述三種狀態就離得很遠了，所以一般市場分析以第一階段至「長期均衡」階段為主。

對活躍於十九世紀中葉至二十世紀初的馬歇爾來說，尤其是長期均衡和貧困，他所觀察到經濟的真實面貌，活潑且充滿變化，具備了動態的形式。他討厭那些與現實脫節的理論，稱它們為「打發無聊的高談闊論」，由此看來，他的理論可說是十分貫徹個人觀念的馬歇爾式經濟學。

33《康德拉季耶夫經濟動學的世界》（コンドラチェフ経済動学の世界，2006）

岡田光正

人生波瀾壯闊的舊蘇聯天才經濟學家，
對資本主義諸國的經濟研究，
並解說當時景氣長期好壞循環波動的來龍去脈。

康德拉季耶夫（1892～1938），俄羅斯經濟學家。1917年俄羅斯革命期間，在克倫斯基政權下擔任食糧供給部副部長。蘇聯政權確立後，就任莫斯科景氣危機狀態研究所所長，後來遭到政治肅清。

影響西方諸國甚多的「康德拉季耶夫長波」

說到康德拉季耶夫（Nikolai Kondratiev），他是一名以「康德拉季耶夫長波（Kondratiev wave）」聞名的舊蘇聯經濟學家。現在要介紹的，並非他本人的著作，而是從他的主要文獻中整理出康德拉季耶夫經濟學本質的一本書。作者是放送大學副校長岡田光正先生。

康德拉季耶夫長波理論，指的是「景氣循環的長期波動」。根據這個理論，西方資本主義國家經濟存在著約五十年的週期性長期波動，而呈現「景氣好↓衰退↓不景氣↓回彈」的週期循環現象。

這種週期性變化，主要原因來自「技術創新」，而說到技術創新就一定要提起熊彼得。沒錯，這個本來只被當成單純「長期波動」的東西，正是由熊彼得命名為「康德拉季耶夫長波」，他以技術創新解釋長波並視為「景氣循環論」，使康氏的長波週期理論廣為人知。熊彼特認為，第一個長波是一七八〇～

一八四〇年的技術創新，其主因當然就是「工業革命」；第二個長波則是一八四〇～一八九〇年的「鐵路建設」。他指出，接下來還會因「電力、化學及汽車」出現下一個長波週期。

身為農業經濟學家並身兼社會革命黨（主張「打倒沙皇的革命將由我等都市知識分子來主導」，由民粹派思想而生的激進政黨）黨員的康德拉季耶夫，在俄羅斯革命時以僅僅二十五歲年紀就在克倫斯基政權中出任農業部食糧供給部副部長。其後也對初期的蘇聯經濟善盡指導之責。他的長期波動研究也是在這個時期開花結果，於一九二五年發表論文《經濟生活中的大循環》，一舉聞名世界。

但後來史達林政權崛起，康德拉季耶夫被貼上了「傾右翼民粹派學者」的標籤，理由為「明明資本主義馬上就要在經濟蕭條中面臨毀滅結局了，康德拉季耶夫的週期論卻暗示『資本主義會東山再起』，這是對馬克思主義潑水滅火的謀逆思想」。

最後在一九三〇年，身為社會革命黨員的康德拉季耶夫，被誣陷為農民勞動黨的主謀遭到逮捕，判決監禁八年，收容於政治監獄。健康狀態不斷惡化的他，為了能早日獲得釋放而向史達林政權靠攏，奉史達林為「真正的指導者」，並對列寧＝史達林路線多加讚美。但在一九三八年的大清洗中，康德拉季耶夫仍然不幸遭到槍決。

直到一九八七年戈巴契夫（Gorbachev）進行蘇聯政治改革重組，康德拉季耶夫的名聲才得以洗清，此時距他遭處刑約五十年，正有如「康德拉季耶夫長波」。

34《鉅變》（*The Great Transformation*, 1944）

卡爾・博蘭尼 Karl Polanyi

資本主義只不過是虛構的騙局！
現在我們就應該為經濟體制做大轉型，
在僅存於「商品」及「鑑價」的異常市場經濟中進行改革。

卡爾・博蘭尼（1886～1964），奧地利經濟學家。自學生時代就參與匈牙利解放運動，流亡英國。後來則至美國哥倫比亞大學出任客座教授。

是否有能夠超越資本主義的新型經濟體制呢？

這本博蘭尼的《鉅變》開門見山地指稱「資本主義是一種不自然且異常的經濟體制」。

在資本主義誕生之前，當然也存在其他的經濟體制。那種體制是基於「互惠（互相幫助）、再分配（分享交換收穫物）、家政（自給自足）」原則，而自然形成的經濟體制，過去人類的大半歷史也都沿襲此種方式。

到了後來，由於工業革命等因素，帶來工業化及生產性提高，因而發展出「自我調節的市場」。也就是以市場經濟為基礎的自由市場。市場經濟將所有東西都商品化，連原本不是商品定義的「勞動、土地、貨幣（＝疑似商品）」都成了市場上的商品。這非常不好。因為這些都不是「經由生產製造出來的東西」，如果連它們都商品化的話，人們將會變得不得不「為了生活而賺錢↓然後為此賣命工作」。就這樣，由神所創造出來的人類，被市場經濟這個「邪惡磨坊」折磨得尊嚴盡失，一敗塗地，後來導向「大多數人都成了那一小撮資本家的奴隸」這麼異常的情況。

但市場經濟終究是虛構的，我們在進入二十世紀後瞭解了這一點。十九世紀的市場經濟，是以下列幾點做為基礎：「①自我調節的市場／②自由主義國家（必須以①為前提）／③國際金本位制（需要①已國際化）／④力量的平衡（＝各國之間維持軍事平衡。③為必要條件）」（※這幾點的形成正是**第一次「大轉變」**），但他們是由羅斯柴爾德家族等國際金融業者在背後努力才得以維持。而此體制因第一次世界大戰搖搖欲墜，後來人類建立了國際聯盟想要讓這種體制繼續保持下去，但緊接而來的經濟大蕭條，終於使十九世紀的市場經濟徹底崩塌潰散。

後來世界變成什麼樣了呢？緊接著是「法西斯、社會主義、羅斯福新政」，這次體制轉換是**第二次「大轉變」**。兩次都離市場經濟所謂「自我調節的市場」本質相差甚遠。

因此人們能夠瞭解到，**資本主義只不過是虛構出來的烏托邦**。本書指出，為了克服這一點，我們應該將現有的經濟體制再度推向「大轉變」，將目前這種只存在商品及鑑價的不正常市場經濟，轉換為所有人更能參與的廣泛共同體，並融入更具互相扶持效果的經濟要素才對。

35 《有閒階級論》（*The Theory of the Leisure Class*, 1899）

托斯丹・邦德・范伯倫 Thorstein Bunde Veblen

在以金錢做為成功指標的產業社會，能夠浪費金錢和時間是身為一流人士的證明，同時也將成為誇耀自己實力的方式。

托斯丹・范伯倫（1857～1929），美國經濟學家、社會學家。制度經濟學的創始者。曾於芝加哥大學、史丹佛大學執教。

如果在網路上搜尋「有閒階級」，馬上就會出現關聯詞「尼特族」，不過事情並不是這樣的。有閒階級才不會關在房間叫媽媽一分鐘內弄好泡麵給他吃哩。**有閒階級，指的是因富裕而有能力用各種奢侈的消費或娛樂來打發大把閒暇時間的人們**。

造出這個詞的人是范伯倫。他在十九世紀末寫的《有閒階級論》，對有閒階級的定義及其社會角色做了十分犀利的解析。他認為，由人類這種抱有競爭心的生物所構築的產業社會，眾人自然也會競相展示自己的力量。那麼，當產業社會的成功指標定義在「金錢」時，成功者不得不有志一同地努力「**強調自己很閒**」（＝誇耀性閒暇。強調「自己不用工作也有大把財產」）、「**無意義地浪費高價品**」（＝炫耀性消費。為了展示而進行的消費）。因為富有是一個人能力優秀的證明，而能夠強調出這一點，才會受人尊敬，並得到社會上的高評價。

說穿了就是「職業閒人」。有閒階級還真是辛苦，現代大眾對名牌的信仰，也是來自他們的影響吧。

36 《帝國主義是資本主義的最高階段》（*Imperialism, the Highest Stage of Capitalism*, 1917）

佛拉迪米爾・伊里奇・列寧 Vladimir Ilyich Lenin

壟斷企業與銀行聯手的「金融資本」是由列強所帶來，引發劇烈的殖民地戰爭的原因，同時也會將世界引導至革命一途。

列寧（1870~1924），俄羅斯政治家暨革命家。領導布爾什維克成就俄國十月革命。在革命政府中擔任人民委員會主席，並創立國際性共產主義政黨組織共產國際（第三國際）。

列寧的《帝國主義是資本主義的最高階段》寫於一九一七年，時值第一次世界大戰白熱化時期。書中將第一次世界大戰定位為「帝國主義之間的戰爭」。

列寧認為，**「壟斷資本主義」是帝國主義的一種階段**。其中寫道，資本主義理所當然的總結，就是由獨家企業壟斷產業支配權，再以其巨大的生產力與銀行連成一氣，形成**「金融資本」**。而金融資本需要尋求新市場及新的生產環境，於是將觸手伸向開發中國家，將其納為殖民地，列強為此展開激烈的戰爭。第一次世界大戰也確實正是一場「爭奪殖民地的戰爭」，列寧把這個階段定義為「資本主義的最高發展階段」。

但是，**資本主義的最高發展階段，換個角度也就是「勞工的不滿達到頂峰階段」**，所以列寧又將這個階段定位為**「革命前夜」**。在列寧的記述中，有部分相當老掉牙，但整體來說相當尖銳而熱血。這個人是天生的煽動家，而俄羅斯革命也是在他的引導下邁向成功。

37《論經濟科學的性質和意義》（*An Essay on the Nature and Significance of Economic Science*, 1932）

萊昂內爾・查爾斯・羅賓斯 Lionel Charles Robbins

指出「經濟學是一門有關於稀缺性的科學」與稱為「稀缺性定義」的經濟學本質，並且對自己老師及凱因斯都提出激烈的辯論。

萊昂內爾・羅賓斯（1898～1984），英國經濟學家。為倫敦政治經濟學院（LSE）教授，並兼任經濟學系主任。

說起羅賓斯，他是劃定「經濟學定義」的人，非常有名。

該定義為「**經濟學是一門有關於稀缺性的科學**」，一般稱之為「稀缺性定義」。

原來如此，也就是說，經濟學是「**研究欲望和稀缺性之間的協調**」嘛。具稀缺性的東西，其價值也比較高，這從亞當斯密「水和鑽石的例子」中就知道了，正因為「存在量比人們想要的少」所以產生出價值。那麼，因為稀有，想要的人多，怎麼「分配」就成了問題；也因為稀有，獲得時的「效用」（滿足度）特別高。真的耶，越想就越覺得稀缺性真的很「經濟學」。

附帶一提，一般人都是因這個稀缺性才知道羅賓斯，但其實他本人的人生也很猛。他參加第一次世界大戰失去了一隻手臂，後來又因為加入「基爾特社會主義」（Guild Socialism，行會的社會主義），就讀LSE（倫敦政治經濟學院）時擔任威廉・貝佛里奇（William Beveridge）的助手，卻對貝佛里奇大加批評，跟凱因斯爭辯不休等等，人生可以說是波瀾萬丈。

38 《動態經濟學芻論》（*Towards a Dynamic Economics*, 1948）

羅伊・福布斯・哈羅德 Roy Forbes Harrod

能同時提高資本與勞動力的供給，確實能夠促成最快速的經濟成長，但要保持其平衡，卻有如在匕首的刀鋒上走鋼索般極其難以穩定。

羅伊・哈羅德（1900～1978），英國經濟學家。曾任牛津大學教授，師承凱因斯。

哈羅德是「經濟成長理論」的先驅者。這位經濟學家的理論可以簡述為：「**資本與勞動雙方同時成長，是對經濟最好的成長，但此道路狹窄難行。**」

舉例來說，把機械設備等資產的增加率（有保證的經濟增長率）和實際經濟增長率做為考量，首先實際的經濟增長率高於保證增長率時（＝資本不足時），企業為了增加不足的儲備資產，將會努力使投資活潑化，帶來活化經濟的效果。反過來，在保證增長超過實際經濟增長率時，資產過剩將導致投資市場冷卻，造成不景氣。想要保持兩者均衡相當困難，其不穩定的程度就好比在刀鋒上走鋼索。

因此，哈羅德把這種不穩定原理稱為「**刀鋒原理**」。哈羅德理想中的狀態是，保證增長率與勞動力供給的增加率（自然增長率）相等。因為在這種狀態下，能夠完全發揮出儲備資產的生產力，同時達到勞工充分就業的理想目標。但要實現這個目標極其困難，他認為在現實面來說，必須要有政府的介入。

39 《近代世界體系》（*The Modern World-System*, 1974）

伊曼紐爾．華勒斯坦 Immanuel Wallerstein

由於資本主義經濟的發展，全世界都奉行以專業分工合作生產，使非政治性「世界經濟」長期佔有壓倒性的支配地位。

「世界體系」不以國家為單位，是一個覆蓋整個世界的社會體系。其中有伴隨政治支配的「世界帝國」，以及以專業分工的概念連結，但沒有政治凝聚力的「世界經濟」。

這個世界體系自十五世紀後半開始發展，起初形成的「世界帝國」，其政治與經濟的支配權握在歐洲少數國家手上。但到了近代，僅有「世界經濟」的經濟支配力在臃腫化，並一路延續了下來。原因就在於其經濟體制是「資本主義經濟」。

資本主義的本質是「無限制地蓄積資產」。但政治層面上並不允許這種情況發生，採取資本主義體制的世界帝國受到政治壓迫，自然難以喘息。再加上運用軍事及政治力量來控制不斷擴大的經濟，需要消耗不少能量。長期發展下去，先不論是否能握有世界帝國的支配權，連想要保持經濟上的霸權（主導權）都成了困難的事。過去這個世界由荷蘭、英國支配主導，現今則是由美國握有經濟霸權。但這個狀態也不會長久了。下一個霸權國家（或世界體系）又會是什麼樣的呢?!

華勒斯坦（1930～2019），美國社會學家。曾任加拿大麥基爾大學教授，後轉至美國賓漢頓大學任教。並曾出任美國非洲學會會長。是「世界體系理論」的倡導者。

第4章

理解「豐饒」與「貧困」的11本名著

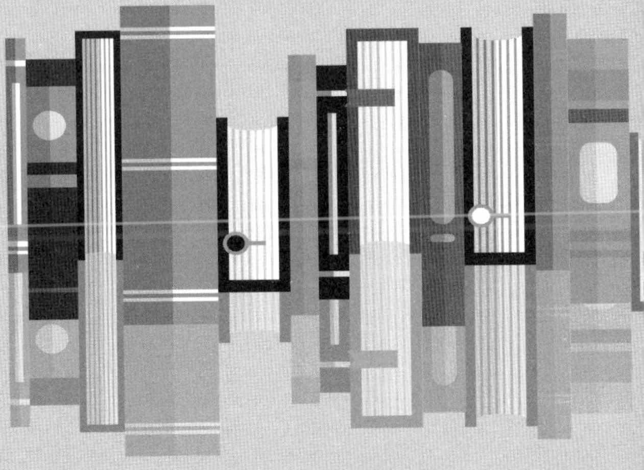

經濟學裡
是怎麼看待
所謂的貧富差距呢？

40《富裕社會》（*The affluent Society*, 1958）

約翰・肯尼斯・高伯瑞 John Kenneth Galbraith

生於十九世紀貧困社會環境下的「灰暗」經濟學，
幾乎已無法說明近代豐饒富足的環境。
試著用新的價值觀來刷新對經濟學的認識。

約翰・高伯瑞（1908～2006），加拿大經濟學家，哈佛大學教授。在甘迺迪執政時出任駐印度外交大使、美國經濟學會會長等職。

乍看之下「好像蠻容易讀懂」的名著……

我把《富裕社會》安排在幾本「重點名著」之後讀，是因為它「感覺好像蠻容易讀懂」。

為了撰寫本書必須先讀過許多名著，我將讀書時間主要安排在一至三月。因為這個時期正是我們補習班老師望眼欲穿的「長假」。

長假太棒了。其他時間我們是一週七天，沒有連假、沒有三節、沒有新年地出勤，但到了長假一切都是值得的。想著長假，一個人都能笑得合不攏嘴。我們在冬季講習課期時，對即將面臨大考的學生總是滿面笑容地鼓勵：「你很努力了，把成果展現出來就行，老師也會為你加油的！」但那時我們臉上的笑，一切都是因為想像著自己去泡溫泉、國外旅行、潛水、到印度洋釣鮪魚等景象，才會忍不住笑咪咪的。才沒有誰在幫學生加油呢（騙人的啦～）。

但我的長假幾乎全都在寫作。

這是因為蔭山家的家庭生計，只能靠「少少的講課薪水＋聊勝於無的版稅」，以這兩條微薄的收入來支撐，實在沒辦法。總之，我就在英文、數學、國文的明星講師們早早收穫完大米，互相寒暄著「走吧，來去曬曬南方島嶼的太陽」，成群結隊約見在成田機場時，我孤單一人縮在藤澤車站前陰暗的網咖裡，不得不勤勤懇懇趁著兩期稻作的夾縫間多種點小麥。

不過，網咖實在太讚啦！又窄又暗，還可以抽菸，最棒的莫過於有漫畫可以看。寫馬克思的時候，還能一邊看水島新司的棒球漫畫《阿浦先生》（編註：原書名為《あぶさん》，為日本連載時間最長的運動漫畫），真是太爽了。主角景浦安武常去的小酒館，雖然塞滿了薪水奴隸跟產業預備軍，但跟馬克思是不會混為一談的。漫畫就要當成漫畫讀，用來轉換心情。寫書的人不需要曬太陽，今年我就歡歡喜喜、勤勤懇懇地（一邊看著漫畫）繼續寫我的書。

但到了三月，差不多意識到這是新年度了，發現我還沒開始讀的我的「BIG 4」，不覺壓力開始大了起來。亞當斯密、李嘉圖、馬克思、凱因斯，這四位超重量級天王，拖到新學期才開始就慘了，於是我急忙改了讀書計畫，決定不管三七二十一先會會這四位天王。在這四人之後，接著看感覺比較容易的高伯瑞，這樣就算拖到新學期，也一樣能輕鬆解決。我懷著這個打算，把高伯瑞當成「平衡讀書計畫鬆緊度的角色」，放在四大天王後面。

然後我就大錯特錯了。

乍看之下好像很容易懂的高伯瑞，其實很難讀又超級難懂。他的論述表達過於獨特，拐彎抹角的，尤其在表現諷刺時更慘，繞了又繞，彎到連原形都看不出來的程度。後來在新學期講課間一邊念書，念完這本居然花了我整整十天！

但這個人確實值得花十天去讀。其內容非常有趣，而且**相當有先見之明**。這本書明明是在一九五八年寫的，卻讓人覺得好像是「看著現今的種種情況而寫」。

那麼，現在就讓我們來看看高伯瑞的《富裕社會》吧。

生於「貧困」之中的經濟學，無法解釋什麼叫做「富足的社會」

現代的美國，社會十分豐裕。生活必需品隨處可得，人人都過著物質上相當自在的生活，彷彿已經**如本書的書名般實現了《富裕社會》**。

但是，**經濟學是在十九世紀「貧困社會」中誕生的東西**。當時所謂的貧困，並不像現在的「可惡，我好想趕快脫離這種住在兩坪半破爛房間的生活啊！」這麼簡單的意思。除了一部分人之外，許多人經常面臨飢餓、寒冷、疾病等糾纏，哪怕隔天就死了也不意外。

而且雖說「有一部分人除外」，但這些人生活中沒有電、自來水、瓦斯、電車、便利商店。在現代至少還能有個兩坪半的破爛房間、放抽屜裡的褲子長出菇來的「二愣子」生活呢（想知道那是什麼景況

古典派經濟學無法解釋「富足的社會」

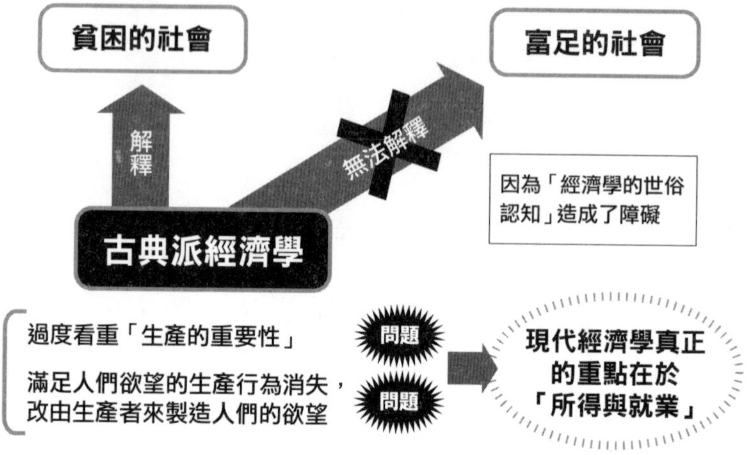
貧困的社會
富足的社會
解釋
無法解釋
因為「經濟學的世俗認知」造成了障礙
古典派經濟學
過度看重「生產的重要性」
問題
滿足人們欲望的生產行為消失，改由生產者來製造人們的欲望
問題
現代經濟學真正的重點在於「所得與就業」

的人可以看看松本零士的漫畫《男おいどん》）。也就是說，十九世紀和現代，所謂的貧困、富足，指的是不一樣的情況。

那麼，用那個時代的經濟學來解釋現代的「富足社會」，難道不會有問題嗎？亞當斯密和李嘉圖、馬克思爆著青筋主張的大多數論調，不是都已經沒什麼意義了嗎?!過去群眾那些渴切「追求商品的欲望」，如今已到了不多加提醒的話，人們根本就不會去注意到的模糊存在了。

這本書開宗明義地先點出了這件事。沒錯，**我們一邊生活在富足的社會裡，一邊到現在還拖著過去根植於貧困環境的經濟學**。對過去的經濟學家來說，他們已經奉行這些經濟學到現在了，要接受「富足才是經濟學的真實環境」，是相當恐怖的事。但對高伯瑞來說，**經濟學的缺陷不在於「理論上的謬誤」，而是「從來不去更新這些陳年老調的理論」**。

但是，我們如果用貧困時代的法則生活在「富足的社會」，不但會錯過很多機會，處理困難的對應方式也會出錯。不能繼續這樣下去，必須想辦法解決。

解釋事實——高伯瑞的經濟、社會分析最重視這一點。

在這個世界上，由「**正確的事（真理）**」和「**只是受群眾認可的事物（受歡迎）**」**形成的拉鋸戰**總是不停不休。

這些爭鬥，短期內會由受歡迎的事物佔上風，但最後必定是真理獲勝。平時總是窩在實驗室，和一般人不太接觸的科學家，致力於追求真理；而做服務業的國會議員、作家、廣告媒體人等等，追求的是受歡迎。他們都想獲得群眾的支持，但大多由「受歡迎」那一方獲勝。因為受歡迎的人總是很容易理解，想法也不跳脫既有模式，更好親近。因此，**不管正確與否，「只要具有容易被人接受的特質就特別加以推崇的觀念」**，高伯瑞稱之為「**世俗認知**」（Conventional wisdom）。

「世俗認知」是高伯瑞自創的詞。他的想法經常和世俗認知相左。

世俗認知有以下特質：

・世俗認知並非適應世界，而是**適應「聽眾的世界觀」**。

・世俗認知討厭獨創性（譴責獨創的想法，拒絕接受新知）。

・事實上，世俗認知對保守和自由的定義並沒有太大差別（為了配合聽眾的喜好，而在表達上做些許調整）。

・世俗認知與學者的見解被視為同一立場時，就能建立穩固的地位（世俗認知由學者提出，再經由大企業家、政治家來說明，就能給予聽眾安心感，成為社會上的觀點）。

・世俗認知的關鍵在於「受歡迎」（人最喜歡自己所支持的觀點「受它人傳誦，得到聽眾的掌聲」，這樣就能確認自己並不孤單，從而得到安心感）。

・電視主播等，負責投放聽眾想聽的內容，是「負責更新世俗認知的角色」。

原來如此，這可就麻煩了。也就是說，**世俗認知是一種有可能並不正確，但卻能緊抓住群眾認同的想法**。而且高伯瑞還說「世俗認知經常面臨跟不上時代的危機」。我們的世界時時刻刻都在變化，大眾卻容易拘泥於平日已經習慣的事物和論調。而這也就意味著，世俗認知的敵人就是「事實的發展」了。

後來，**「經濟學的世俗認知」就這樣以和現實脫節的狀態，擋在了高伯瑞的面前**。

經濟學是一門「陰暗的學問」？

把經濟學稱為「憂鬱科學」的是湯瑪斯・卡萊爾（Thomas Carlyle）。卡萊爾用諷刺的態度稱馬爾薩斯和李嘉圖為「令人尊敬的憂鬱學科教授們」。為什麼會被人說成這樣呢？——這是因為**古典派經濟學在本質上就是「陰暗」的**。

古典學派的始祖是亞當斯密，一開始也是亞當斯密和馬爾薩斯注意到「國民經濟總體」。馬爾薩斯為了阻止人口繼續增加，打出「貧窮與道德淪喪」這張牌，描繪出一個不管我們如何掙扎，人類都只能迎接飢餓又貧困的絕望未來預想圖。

另一方面，亞當斯密則是一心以「經濟發展」為目標的樂觀主義者，他所刻畫的是「擴大社會整體的財富」，卻未提及財富將如何分配給個人或各個階級。

自**正面切入「分配」問題的人，正是李嘉圖。他將經濟學的本質定位為「分配」，深入研究社會利益如何分配於各個階級的諸多法則**。

李嘉圖認為，經由生產行為而產生的財富，基本將會被分配到「工資、利潤、地租」。也就是說，從財富增加即帶動人口增加的角度來看，第一個應聲而漲的就是地租。因為人口增加後，能提供群眾生活的土地卻不會增加。而剩下來的利潤和工資兩項，必然會發展為「如果增加資本家所要的利潤，就不得不降低勞工薪資；資本家的利潤減低，則有空間提高勞工的薪資」。

當然了，資本家一定是選擇增加自己取走的利潤。不管是從和勞工立場不同的角度來想，或是從資本蓄積可帶動經濟發展的角度來想，都可以明白。就結果來說，只有降低工資這一條路而已。到最後即使在李嘉圖看來，**佔人口大多數的勞工終究還是得和貧困為伍**。

更甚而，李嘉圖曾說「只要勞動力也在市場上進行買賣，就會有它的自然價格與市場價格」。勞動力的自然價格是「勞工勉強能夠生活的金額」，這也成了後來勞工薪資的鐵則。

以古典學派為主流的十九世紀經濟學，不管從哪個角度切入，都只預示出一個「大多數人處於貧困」狀況的灰暗未來。

但是後來現實中的經濟社會，人口並未過度增加，也沒有糧食不足的問題，勞工薪資的鐵則也在慢慢改善。然而即使到了現代，經濟學仍舊「以李嘉圖的思想為壓倒性主流」。也就是說，即使世上已確實變成「富裕社會」，在理論的世界卻仍堅持「勞工恆貧，富者恆富」。在這之間唯一不變的「土地」，才是巨大財富的泉源，經濟學的主流派至今仍接受這種「財富代代相承」，本身就伴隨永續性的不平等觀念，讓高伯瑞感到憂心不已。

這裡說的主流派經濟學者，基本上都抱持自由放任主義，因此他們討厭破壞公平競爭的那種不平等（或者是不公平）。不需競爭即握有大筆財富的繼承，以及不是「由生產而致富」，而是「藉由支配『生產』的力量致富」的壟斷，都是主流派所厭惡的東西。

但也因此，他們接受「競爭後的結果」，將失業、破產視為理所當然，對景氣起落或蕭條都抱持自然的態度。這種與現實悖離的經濟學，毫無助益，只是造成群眾不安而已。

而在李嘉圖之後，經濟學也仍繼續自左翼和右翼的角度煽動群眾的不安。

來自右翼的有赫伯特．史賓賽（Herbert Spencer）的「社會達爾文主義」，以「適者生存」（※這句話並非出自達爾文，而是由史賓賽所造）的思想為主軸，主張鬥爭與弱者的淘汰是一種不可避免且良性的發展。

另一方面，左翼出現了社會主義者馬克思，向大眾預告：依照李嘉圖的分配法則發展，最後資本主義將會被顛覆，只被允許擁有危機與絕望未來的勞工，最後將走上革命之路。

不過，實際上哪個經濟學者都沒能看穿，這之後其實有一個生活品質大幅提升的世界在等著。在那裡，**所得分配不平等的情況，經由「增加生產」這個替代形式，雖然無法達到平等化，但改以「提高整體所得」的方式，大幅度淡化了不平等的問題。**過去**「憂鬱科學」的世俗認知，已經和現在玫瑰色的現實狀況脫節了。**

就像這樣，經濟學已成為和現實脫節的假貨，而那份世俗認知，仍然在人們心中種下不安的種子。

在「富足的社會」中，「生產」的意義已經不同

即使不安已經在現實社會中消失，但經濟學的世俗認知這種思想基礎卻幾乎完整的留了下來，擔綱可說是不可或缺的角色。

為**除去對經濟的不安，必須先從「企業」著手**。現代企業的發展方向，可以說「致力於降低風險」是企業的共通目標。

【現代企業所做「降低風險的努力」】

・壟斷（這樣價格就不會變動了）

・宣傳（這樣就能控制隨心情做事的消費者的需求感了）
・法人（這樣就可以預防經營者出現獨大的獨裁經營方式）

接著可以推動政策減輕個人的經濟風險。諸如可從一九三〇年代羅斯福新政中見到的「社會保險／勞工工會／農產品保障價格／需求不足的對應方案」等等。

經由羅斯福新政以及凱因斯經濟學的成果，不景氣從「不應插手的現象↓可達到部分預防效果的現象」，在認知上有了變化。因此，主流派經濟學家所製造「經濟生活存在著不確定性」的世俗認知，雖然至今仍然受到認同，但實際上透過各種保障，最主要的不確定性已經被去除了。

即使遭遇不景氣，大眾也明白原因並不是出在勞工或企業，而是由於「需求的不足」，所以不能視為「景氣循環的自然發展」置之不理，只要加大生產量就能夠改善。

但**經濟學的世俗認知中，過度看好「生產的重要性」**。這是問題所在。

在李嘉圖的時代，物質是稀缺的，而它們支撐著食衣住，是人們「生存所必需的東西」。因此，在那個時代會對「生產」有過高的評價，也是無可奈何。

而對**「富足的社會」來說，物質十分豐沛**。生活必需品隨手可得，經由生產量的加大，過去因資源不平均所產生的生活緊繃感已不復存在。但一如往常地，**世俗認知卻還是把「加大生產量」視為最重要的事**，反覆提點。

為什麼呢？生活必需品已經足夠，也就代表原本「為了滿足群眾需求而生產」的概念，在大多情況下已經行不通了。比方說，「為了改善所得分配不均，需要加大生產量！」這種論調就算再怎麼用力推，也無法讓人釋然。在這種情況下，只要生活必需品足夠，大家聽了只會冒出「是要針對哪些人，生產哪種商品？生產不必要的商品，不會賣不完嗎？」諸如此類的疑問而已。

此時**「宣傳」**就具有重大的意義了。

宣傳能夠「製造出原本不存在的欲望」。意思就是，需求為零的必需品——像是派對搞笑用的「日本武士假髮頭套」之類，想要硬製造出需求，只要巧妙運用宣傳手法就行了。找電通之類的大廣告公司來插一腳，讓菅田將暉或齋藤工來戴又酷又好笑，然後也叫乃木坂46來戴一戴，「萬無一失的派對神物．MAGEZURA！」大肆放送廣告，馬上就能在市面上帶起「武士頭套風潮」，本來毫不存在的消費需求，卻經由生產商的宣傳操作而憑空製造出「需求」了。（譯註：菅田將暉、齋藤工、乃木坂46為日本當紅演員和偶像團體。）

時至今日，**原本是「為了滿足群眾需求而生產」的東西，不知何時，消費者的欲望卻是由生產商的宣傳來催生**。這種「消費者欲望依附在生產商的宣傳上」的效果，高伯瑞稱之為**「依賴效果」**。

原來如此，確實就是這樣，就算必需品已經足夠了，仍然硬要賣商品、增加生產量。到頭來，生產行為在現代的意義，已經不再是經濟學家所說的那麼絕對，「生產是一種賺取財富的重要手段」，反而是最接近事實。

現代經濟真正重要的是「所得與就業」

再從另一個角度來看，重視生產的傳統想法也同樣不合理。這是一種「只重民間的生產，而將公共服務建設視為負擔」的態度。

社會整體越是富足，就越需要乾淨平整的道路、教育機構、警察、衛生及軍備國防系統，這是顯而易見的事，但傳統的經濟學由於持「十九世紀的自由放任步調」，世俗認知上堅定地認為「擴大公共建設是不好的」。而公共建設也不可能像企業生產商品般，投入高額宣傳費來養成大眾的欲望，因此普遍欠缺積極意識。為私人使用而生產的商品，以及公共建設間的比例，高伯瑞稱之為「**社會平衡**」，現代的社會平衡正呈現極不均衡的狀態。

這個不均衡會造成種種弊害，尤其「教育機構不完善」會為社會帶來莫大損失。因為現代和過去不同，今日的技術革新並非來自「天才的靈光一閃」，而是透過「紮實的教育投資所培育出的人才」。**主要的教育投資只能靠公共機構**。因為人們就算心裡想著「為了找到更好的工作，要好好地投資自己」，在還沒有收入時，就算想提升能力也撥不出錢來，而一般企業又擔心為他人作嫁，不願意把錢花在員工教育訓練。確實，花了錢培訓員工，而員工卻紛紛出走，未免也太慘不忍睹。

看來教育投資是真的只能仰賴公共機構了，但很遺憾地，世俗認知對公共建設這塊並不給好臉色。「與其把錢花在這些東西上，不如拿來增加生產量⋯⋯」大多是這樣的結果，唔⋯⋯難哪。

言歸正傳，那麼我們為了屏棄過去的世俗認知，打造出適用於「富裕社會」的觀念，應該怎麼做才對呢？

現實中的經濟環境，有許多不靠大量宣傳就賣不出去的非必需品，佔用及消耗了許多生產能量。在這種角度上，「生產行為」本身已不是那麼重要。

話雖如此，要是碰到「能夠開發出所得的泉源」，生產還是十分重要的。也就是剛剛曾經提到的——**對現代經濟來說，真正重要的並不是生產，而是「所得與就業」**。

那麼只要**找到「在生產以外，能夠獲得所得的途徑」就可以了**。往這方面想，比方說「輔導就業、改善失業」就很可行。加強課徵累進稅，把從有錢人身上徵來的稅，用於完善公共服務機構，透過民間及公家相關機構改善社會平衡。或用消費稅、營業稅來擴展公共服務也不錯。從為私人生產跟公共服務建設的社會平衡觀點來看，說不定這是最好的方法了。

此外，應對貧困的政策也不可或缺。完善足以保障每個國民最低限度的生活保護系統或學校環境，是打造富足社會必須同步發展的重要環節。

再者，在富足的社會裡，由於生產的必要性下降，勞動時間與勞動人口也能隨之減少。這麼一來，就不會像十九世紀般「勞動＝痛苦」，**能夠樂在工作，從事可以實現自我的工作的人口也就變多了**。高伯瑞把這樣的人口稱為**「新階級」**。也就是那些將工作視為生命價值的科學家、大學教授、記者、廣告媒體人、藝術家等等。

生產行為已經不像以往那樣重要了。在這個富足的社會裡，保持過去現狀的勞工太多了。現在不正應該更致力於公共教育投資，增加能夠從事有趣又有人生價值的職業的「新階級」嗎？

Point

脫離十九世紀以來的古典派經濟學說，這本劃時代的著作，將經濟學觀點切換至足以解釋「富足的社會」。

41 《消費社會》（*La Société de consommation*, 1970）

尚・布希亞 Jean Baudrillard

後結構主義哲學家所分析的現代「消費社會」，呈現出的人類經濟活動會是什麼樣的結論呢？書中引導我們重新思考經濟學未曾提及的「富足」與「幸福」。

尚・布希亞（1929～2007），法國哲學家、社會學家。在巴黎第十大學擔任教授，是後結構主義深具代表性的哲學家。

深~~入洞察消費社會

布希亞並不是經濟學家，他是一位**後結構主義**哲學家。

「**結構主義**」最初流行於法國，繼而在全球傳播開來。它**不把人類視為個人，而是「透過社會結構去領會某個現象或事物」**。舉個例子，「把西歐人和未開化人類相比，西歐人真的比較優秀嗎？以社會結構來看，西歐是充滿改革能量的『熱社會』，未開化地區為保持現狀有許多束縛和禁忌，是一種『冷社會』，那麼，是否表示（不斷變動的西歐＝對現狀不滿），而（鮮少改變的未開化地區＝滿足於現狀），是這樣嗎？」結構主義便是用像這樣的脈絡思考。

後結構主義更具批判性的繼承了此種思想。也就是——「以社會結構重新探索人類的想法是很好。但仔細想想，不管是**個人或結構，終究是會流動的**。用這種『結構才是真理』的思維方式去看是錯的。

應該要注意**結構本身的轉變軌跡，以及人們身在其中的『差異』**」。

布希亞身為後結構主義論述家之一，將**現代的社會結構定義為「消費社會」**，並用「符號學」（※符號＝象徵本質和功能的「標記」）分析市場上買賣的商品及人們的消費狀態。

這本書相當有趣，由於那段時間都在讀經濟學的書，拜它之賜，很好地轉換了一下心情。經濟學的書雖然也有經濟學的有趣，但再怎麼說，老是看那些書，總有膩的時候，難免會有「不想再看到什麼效率和地租了啦～」的心情。這時在中段插一本哲學書也不錯。兩者在本質上完全不同，經濟書一向以明快為賣點，而哲學類書大多是追根究柢的風格。這本《消費社會》既具知識性又很黏人，是本很難纏的書。但這反倒成了它的優點。布希亞這個人有如知性的集合體，解析他用暗喻方式不斷投來的句子，可說「既苦又甜」。

平時我在補習班教的是「政治經濟」和「倫理」，一個是社會的表象，一個是人類的內在，兩種科目領域不同，所以可以輪替轉換心情。這就好比圍棋、象棋和運動之間的關係。如果平常有人叫我去單看布希亞的書，我也會覺得「咦，這個人一看就是很糾結的人，不要啦！」，但插在經濟學類的書中間做為休息點，讀起來魅力別具。

再加上內容本身很耐人尋味。他對消費社會的洞察程度深遠得可怕，而且巧妙運用符號學做出一貫性的分析。書中有不少地方都讓人為之驚豔。在負面的論述中，各處錯落著「啟人發想的提點」，可說是哲學類書的醍醐味。不愧是布希亞，對內面的挖掘實在厲害。

那麼現在就來看看布希亞的《消費社會》是本什麼樣的書吧。

越是追求就越失去「個性」的「消費社會」陷阱

首先，布希亞把我們**現在所處的社會，其結構定義為「消費社會」**。既然說是社會結構，所指的就不單是「人和物事之間的關聯」，而是文化、政治、經濟、人際關係或社會團體之間的關係等等，意指**世界上所有的關係系統都是建立在消費社會的結構之上**。

在物質豐盛的現代，我們可說是過著被商品圍繞的生活，購買該商品的行為就是消費。每個人都相信消費是為了「滿足自己的需求」而進行的行為。但是，真相究竟如何呢？

布希亞的答案是「NO」。

人們若只是為了滿足需求，就會只追求使用價值，買到必需品就足夠了。如果這是「因為需要而購買」的消費，那麼這個東西一旦入手，消費行為就會停止了。

但實際卻不然。**消費是無止盡的**。我們在買齊必需品之後仍然渴望消費，這股力量甚至能把企業巨大的生產力再往上推。群眾就像是需求怪物一般，對消費永不厭膩的渴望，用滿足需求的理論是無法解釋的。那麼到底又是什麼在煽動這股消費欲望呢？

那就是人們對**「差異化的欲望」**。

在消費社會的消費，並不是「取得使用價值」，而是一種「具有社會意義的生產與操作」。沒錯，消費**「不是一種享受，而是生產」**。也就是我們透過消費行為生產出這個行為的「社會意義」，藉此和他人溝通交流，而達到「差異化」（與眾不同）。其意義在於，**消費行為是「語言行為」**，是區別自己和他人符號的「商品操作」。

舉個具體的例子來說吧。假設我買了一只勞力士手錶。如果只是單純想要手錶的使用價值（顯示時間），一萬日圓就能買到可半永久正常顯示時間的電子錶。那為什麼要特地花一百五十萬日圓買一只勞力士的腕錶呢？

那是因為我希望人們認為我是個「有錢人」，想聽到人家說「勞力士耶，好厲害呀」，然後我再回說「唉呀，這種戴手上的腕錶很麻煩啊」，故作不在乎地得意一番。這個時候，**勞力士並不是手錶，而是「有錢人的符號」**。

諸如此類，做為符號的物件，人們要的不是它的「使用價值」，而是**階級制度中「地位上的價值」**，是在消費社會這個結構中的排序。

再者，現代富人的消費更加扭曲了，布希亞將之稱為**「超消費」**。超消費是指**「為了突顯出差異，刻意抱持反消費的態度過度節省」**。這是「我這種才是真正有錢人！」的符號，也是一種牽制——「我們跟那種洋洋得意於『炫耀性消費』（出自范伯倫）的窮酸才不一樣呢」。以我們這個研討會來說，那些還沒名利雙收的年輕人，穿名牌服飾、買進口車就是「炫耀性消費」，而我一年到頭都穿法蘭絨襯衫搭

消費行為是「語言行為」

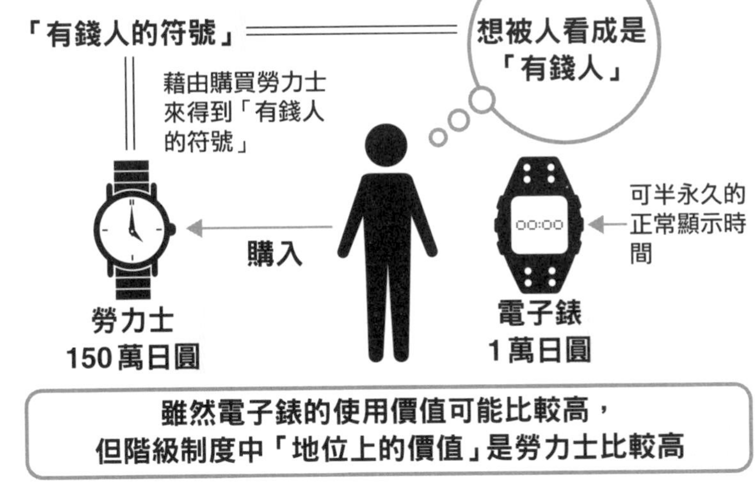
「有錢人的符號」
想被人看成是「有錢人」
藉由購買勞力士來得到「有錢人的符號」
購入
可半永久的正常顯示時間
00:00
勞力士
150萬日圓
電子錶
1萬日圓
雖然電子錶的使用價值可能比較高，
但階級制度中「地位上的價值」是勞力士比較高

牛仔褲，開的是鈴木汽車的Swift，這就是「超消費」吧！也就是說，我在大船車站的中古店開心地採購二手衣、為汽油每公升降兩角就一臉樂呵，就是在牽制那些蒸蒸日上的年輕人了嗎？唉呀！我的真面目要瞞不住了！

……還是言歸正傳吧。除了提高地位上的價值，商品的**「個性化」，也是消費社會中促進與他人的差異化的重要因素。**

宣傳時經常用到的「個性」，是一種提高自身價值的符號。本來人類個體之間就有「現實的差異」，這就是個性。但在消費社會中，企業會提供許多個性化的原型模組讓人們去消費。而這些「看似變得很有個性，但其實只是被規格化」的人們，在獲得滿足之餘放棄了現實中本來具有的個性跟特異性。說穿了，**在消費社會中群眾爭相追求的差異，其實並不是真正的差異。**

「現代的消費社會中，個性是不存在的。」布希亞如此斷言。

人們經由消費所獲得的個性，只是呼應「差異多樣化」的群眾需求而特意生產出來，藉由符號和宣傳的力量打造出以抽象形式復活的「虛幻價值」罷了。

舉個例子來說，很類似現在不斷在推廣的「環境大自然化」的概念。「有豐富自然生態的公園」，根本不是真正的大自然，那只是將大自然解構成符號後，用在現實中拼湊復刻的產物，是大自然風格的「粉飾」。

到最後，在社會上建立出「個體飢渴地想從消費行為中獲得『差異』，但企業卻只是將差異『一般化』，搭配宣傳與包裝來推廣銷售」的關係式。

經濟成長不代表能導向「富足」或「幸福」?!

雖然舉了不少例子，但根據這種思考路線，消費社會中的消費者已經不再是經濟學家喜歡在經濟模型中設定的理性玩家（想要買得便宜一點的消費者），剝掉這層面具之後，隨著經濟發展與無止盡的消費狂熱，原本的供需法則也不斷地在扭曲。

再者，經濟學家過去一貫設想的消費理論，是以「平均『消費群』自然形成的欲望」為前提分析而成，但布希亞認為根本沒有這種東西。消費社會中的欲望，是**以名流或社會高端分子為樣板，由上而下**

滲透，是一種帶有歧異和結構性的欲望。為什麼他會這樣說呢？——因為他認為**消費社會是一個在「結構上不平等」的社會**。

拜工業革命與民主主義之賜，我們能夠抱持「**人人都應當平等幸福**」的想法。那麼為了平等地幸福，就必須**讓幸福變成「肉眼可計量的東西」**才行。不然的話，就無從分辨自己和他人的幸福是否「平等」。

而現代所謂的幸福是什麼樣的呢？——它是「**可用物件及符號度量的物質滿足**」。換句話說，就是「**和消費社會結合的幸福**」。

的確，和消費社會結合之後，商品就成了「表示幸福的符號」，使幸福變得可計量。相反的，「眼睛看不見的幸福」、「不需要證明的幸福」等曖昧的概念，全都被排除在外。這樣一來，就成了「可以平等獲得的幸福」。

但從現實面來說，社會本身含有結構上的不平等，不可能真正實現所有人的平等。也因此，所謂的平等，在今日早就被替換成了「假平等」——「**以擁有的物件或社會認可的成功做為『明確的幸福記號』所測定出來的平等**」。

很悲哀地，這種傾向在今日幾乎所有國家中都可以看到。因為這是「憲法上標定民主主義，但實質上充滿矛盾及不平等」的國家所展現出來的民主主義姿態，同時也是一種為了隱瞞真正的民主主義跟平等已蕩然無存的類民主主義思想形態。

從這個方面來說，用國民生產毛額（Gross National Product, GNP）或經濟成長率等數值來分析一個國家是否富足，也是不恰當的。因為那是在「追逐符號」，那樣做只是在串連上下文，解釋「富足的神話」這幾個字的字面意義而已。

數字其實和神話一樣，都沒有呈現出真實面。

在此我們應該做的是徹底換掉腦子，用別的理論來分析「富足的神話」這個理論。

高伯瑞就是一個將「富足的神話」從字面意義上照單全收的人物。他在《富裕社會》這本書中，用增加生產及高成長率等名詞，含糊地帶過了社會財富再分配的不平等問題。

確實那些方式能夠增加社會全體的財富，在提高全民所得水準的角度上來說是正確的。但現實中，不僅已開發先進國家和開發中國家有明顯的落差，先進國家裡也有所得落差。在這變形失真的世界中，消費社會卻十分穩定，這情況只能解釋為：**對消費社會來說，不管財富的絕對量是增加或減少，「這個體系打從一開始就是不平等的」**。

這個意思就是，世上根本不存在所有人都幸福快樂的「富足的社會」，也不存在所有人都不幸的「貧困的社會」。

因為在各個社會型態中，都同時包含了結構性過剩和結構性匱乏的本質，「均衡」的概念只不過是經濟學家理想主義下的幻想。不管社會發展成長到什麼程度，也一定會持續發生來自該社會的社會性差異及歧視。

正因為社會不存在平等，才會出現白領上班族買了跟老闆同款的賓士車，結果竟然遭到刁難開除這種事。

即使在使用價值前人人平等，但在符號標示出的商品價值前，其實根本毫無平等可言。就算社會整體的財富增加，這位白領上班族的所得也增加了，這種狀況仍然不會改變。想到這裡，不由得感到，果然「經濟成長≠富足」。**所謂的經濟成長，已經和社會整體結構需要的「富足」脫節，成了一種理論面的概念。**

布希亞認為消費社會同時也是「疏離的社會」。

確實，生產力達到巔峰，商品邏輯一般化，現在正是在勞動過程全面掌控支配生產物、文化、性、人際關係等等的時候。而身處其中的人類，不去面對自身欲望或自己生產創造出什麼，只一個勁地掩藏在自己羅列的符號中，所有的一切都被捲入符號的秩序，並在不久後被符號系統吸收。**消費的主體已經不再是個人，而是符號的秩序。**

消費現在是一個「神話」。這個神話在人們面前演出實際上不存在的「富足」景象，它成了現代社會的道德觀，成了一種解釋整體狀態的系統，展現出前途一片光明的烏托邦。然而也正因為它是神話，在這世上同時存在對消費社會的讚美，以及預告它將走向悲劇結局的批判聲浪。而連這些批判，也都是加固這個神話的一道環節。

布希亞懷著對這個虛妄神話崩解的期待，結束了這本書。雖然他是個個性相當彆扭難纏的大叔，不過確實讓我久違地享受了一番鑽牛角尖的哲學滋味。

Point

「消費社會」的結構，讓人類遠離了「富足」與「幸福」。

42 《窮人的銀行家》（*Vers un monde sans pauvreté*, 1998）

穆罕默德．尤努斯 Muhammad Yunus

那些掛著經濟學名號的「空談」膩死人了！來看看尤努斯在孟加拉創立的鄉村銀行所推出，與現有制度「相反」的融資方案，是怎麼拯救當地貧困的女性吧。

穆罕默德．尤努斯（1940～），孟加拉經濟學家。出任孟加拉吉大港大學經濟學系系主任。之後為了致力於消除貧困，創立葛拉敏銀行，於 2006 年獲頒諾貝爾和平獎。

以「無貧世界」為目標的穆罕默德．尤努斯

孟加拉的經濟學家尤努斯，在二〇〇六年時獲頒諾貝爾和平獎。獲獎原因是「對於底層經濟以及在社會發展創造上所做的貢獻」。他設計了一個劃時代的系統，**成功地揭示出人們脫出貧窮的偌大出口**。

這個系統就是「微型貸款」，主要由「葛拉敏銀行」（Grameen Bank，Grameen 意指鄉村）執行。這項成就受到廣大的認同，諾貝爾委員會於是在二〇〇六年對尤努斯以及他所設立的葛拉敏銀行同時頒發諾貝爾和平獎。

這本《窮人的銀行家》，即是把微型貸款的精髓和設立、營運葛拉敏銀行的點滴辛苦，毫無遺漏地收錄其中。

本書中出現的這位尤努斯，是一位超級「熱血」的人。對世界銀行挑釁，和神職人員對罵，「在這種國家要如何生育子女！」憤而和妻子離婚。他付出一切都只為了要幫助祖國貧困的人們。

而且這人相當有文采。原本打算先接觸看看，沒想到一開始讀，就因為他的敘事流暢，富有節奏，加上內容有趣，一天就看完了。我的看書習慣是會一邊「畫重點、做筆記」，一邊仔細看個透徹，能一天就看完的情況少之又少。但這本竟然能讓人一天就看完，實在厲害。

尤努斯的夢想是打造出一個「無貧世界」。

他的祖國孟加拉，有百分之四十的人口，每天得不到最低限度的吃食，飢餓甚至導致國民平均身高及體重偏低。識字率也極低，有百分之七十五的人無法讀寫。再加上人口密度異常地高，很多人都不得不流落街頭。

而且**孟加拉對女性有嚴重的性別歧視**。這個國家有一種習俗叫「普達」（Purdah），將女性完全隔離於社會之外。不但不能隨意外出，不得不外出時也必須穿著遮蓋全身的波卡（Burqa），更不能上學受教育，被當成價值比不上男性的存在。也因此，女子出嫁時還必須附帶豐厚的嫁妝，女兒對一個家庭來說是十分沉重的負擔。

結婚之後，免不了受丈夫毆打，不僅不可能經手家裡的錢，在碰到食物不夠吃的時候，還要把少得可憐的吃食優先讓給丈夫與孩子，連自己那幾口吃的都無法保障。因此，孟加拉的女性平均壽命比男性要短。

生在這種彷如「在畫裡才會有的貧窮國家」，尤努斯很認真地把「無貧世界」當成努力的目標。接下來我們一起看看尤努斯所揭示的——「人們脫出貧窮的偌大出口」，到底是什麼樣子。

經濟學家的使命在於找出解決貧困的制度

尤努斯出生在孟加拉第二大城市吉大港的中階家庭，畢業於吉大港大學，前往美國完成深造後回到母校，擔任經濟學系系主任。也就是說，雖然還稱不上是最頂尖等級的精英，但尤努斯也算是相當出眾的精英分子了，孟加拉當時的貧困生活跟他是沾不上邊的。

時間來到一九七四年，發生了徹底改變他人生觀的重大事件——**「孟加拉大飢荒」**。這年，颶風、洪水、旱災輪番侵襲孟加拉，造成約一百萬人喪生。尤努斯面對大學之外，自貧困階層開始紛紛死去的殘酷現實，以及經濟學的無力，心中感到極為震驚。

經濟理論這種東西，難道不是用來解決各種經濟問題的嗎？

至今我對學生們高談闊論，教他們的那些優雅高端的理論到底是什麼?!

明明現在人們就在我們眼前像慢動作般一個接一個地死去，**經濟學派上了什麼用場？這些掛著經濟學名號的「空談」，真是受夠了！**

於是他這麼想，「我想真正去瞭解窮人的生活，找出附近的鄉村鄰里用得上、真正存在於生活裡的經濟學。正因為自己鑽研的是經濟學，一定能夠在消除貧窮上做點什麼才對」。

經濟學家雖然能鳥瞰世界全局後做出結論，但用這種從高空俯視世界的方法，對細部看不清的地方就沒辦法去注意到了。而他為了找尋自己能做的事，在大學近郊的農村展開調查。

經過這次調查，尤努斯明白到驚人的真相。

此時的他，訪查了多位編製手工竹凳販售的婦女，赫然發現她們正為了湊不足二十七美元的材料費而一籌莫展。並不是「每個人少了二十七美元」，是幾十人的團體因為湊不到那區區二十七美元，而讓這四十二個家庭痛苦不堪。

這些婦女由於少了那一點材料費，不得不以一週10%的暴利向高利貸借款。如此一來，賺得的錢也所剩無幾（每人一天工資不滿兩美分），下次要買材料時還得再向高利貸借。為什麼老向高利貸借錢呢？因為銀行並不是設來因應窮人的需求借他們錢的機構。

尤努斯從自己的口袋中掏出二十七美元，告訴她們「不用趕著還，就先拿去用吧」，將錢借給了那些婦女。

但是在那之後，他很快就感到後悔了。——這種流於感情的解決方式是不對的。就算能一時解決這些村民的困境，但對孟加拉全體、對世界上所有的貧困來說，絲毫沒有幫助。我身為**經濟學家，所該做的是找出一套「有制度的解決方法」**。那不應該是因為罪惡感而當場施以小惠，而是**必須打造出「任何人都能簡單地獲得融資的組織」**。

只要口袋裡零錢就能得救的話，應該有什麼辦法才對——尤努斯就從這裡開始摸索起「一無所有的人也能借到錢的貸款制度」。

發揮出驚人效果的鄉村銀行奇蹟

最早他所想的是「拜託城裡的銀行融資」。如果銀行能夠借錢給貧困的村子的話，應該就能切斷村民受高利貸壓榨的惡性循環。

但銀行對融資給窮人毫無意願。

「他們連字都不會寫，借據該怎麼辦？」

「這些人連擔保的抵押品都拿不出來。」

——於是尤努斯自己擔任保人，纏到銀行終於肯借錢給貧困的人們。

而此舉帶來了驚人的結果！

沒有任何抵押品的貸款人，還款狀況比富人更加良好。另一方面，尤努斯也實驗性的不斷借出少額的款項，仔細加上了借貸細則。借出去的錢，馬上就還回來了。

他以這些調查結果和借貸經驗為根據，於一九八三年設立了以貧困階層為服務對象的銀行。這就是「葛拉敏銀行」。

葛拉敏銀行的顧客群，主要設定為「貧困」的「女性」。這種做法和當時銀行僅對「有錢」的「男性」提供服務，可說是徹底相反。

在性別歧視風氣深植人心的孟加拉，女性們都為這個消息騷動了起來——

「至今沒有任何機會翻身的我們，這是千載難逢的機會啊！」

「女人也能借得到錢，而且還不是跟收取高利的地方借的。有這些錢來從事農業或家庭手工的話，女人也能存得起錢了。」

「好厲害！這是什麼情況呀！有了這條路，就算丈夫說要休掉我，也總能為自己想點辦法，不會為貧所苦，也不用再煩惱吃食了。我也有可以保護自己的經濟保障。不管怎麼樣，一定要抓住這次的機會做點什麼。」

……

原來如此，確實這麼一來，女性們不但會十分積極，也不會想侵佔貸款而失去了下次再借的機會。

尤努斯當時設定目標為「百分之五十的女性貸款人」，現在則有「百分之九十四都是女性」。

而對於這些前往貸款的女性，葛拉敏銀行**指導她們「組成團體」**。這也是經過深思熟慮的做法。也就是說，葛拉敏銀行不是對女性個人提供服務，而是對由幾人組成的「小組」提供貸款。

這種小組成員，通常是家族以外幾位相熟的朋友。人類在自己單獨下決定時容易意志動搖，尤其是對於保守的農村婦女。好不容易鼓起勇氣想要打破現狀，周圍的人卻都不認為這是件好事。和丈夫口

葛拉敏銀行

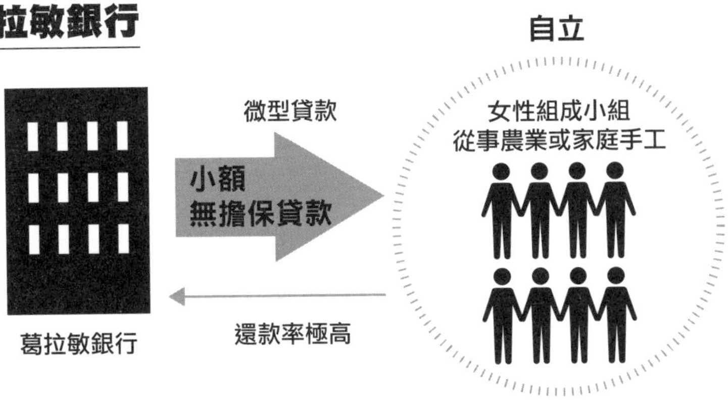

顧客94% 是女性，還款率達98% ！
在孟加拉境內約有2,200家分行

角不斷，終於自己下了這個重大決定，卻又開始陷入煩惱。這時候要是身邊沒有討論的對象，或能夠互相鼓勵的朋友，很快就會輸給自己的脆弱。這樣一來，很有可能就會走向「果然我還是……保持原來的生活就好了……」這種結局。而且就算借了錢，在遭受丈夫暴力相待，借來的錢被拿走的時候，也沒有朋友可以幫忙。

但如果組成小組，女性們可以互相保護，而且也會生出「不還錢的話，會對其他人造成困擾」、「我不想輸給別人」等責任感或競爭意識。一切都向好的方向轉變。

此外，在她們**第一次能夠還款時，還能讓她們產生信心**。「我用自己的雙手賺錢，獨力還錢，我比這個伊斯蘭社會男人們所說的要更有價值！」——葛拉敏銀行就是用這種方式促使女性走上自立之路，對於邁向無貧世界可說大大地跨出了第一步。

而這種融資方式就是「**微型貸款**」。這是世界上前所未有的「**小額無擔保貸款**」的起點。以往銀行融資都是以「高額款項、需要抵押品」為基本，同樣是逆向操作的做法。

既然信賴「女性」顧客本身，對小組進行融資更有保障，收取抵押品就沒有意義了。更何況她們所需要的是「極微薄的金額」。葛拉敏銀行運用這種劃時代的方式，**開拓出「貧困階層女性」的新市場，而在隨著市場發展同時，也展現出一個脫貧的偌大出口**。

這樣啊，原來世上貧困問題無法消失的原因，來自於「底層社會連微薄的金錢資源都得不到」。當然問題根源不只於此，但至少**只要「有人願意借錢給貧困的底層族群」，狀況就能大大獲得改善**。

附帶一提，尤努斯不僅出現在「政治經濟」科目的補習班教材中，在「倫理」課堂也會登場。確實他的偉大事業很適合在「現代人文主義」中教給學生。考生要學習甘地、德蕾莎修女的事蹟，也同樣認真地瞭解尤努斯的情操與事業。

一切做法都和過去的銀行反著來，卻大為成功的葛拉敏銀行，至今在孟加拉全境已經擴展為擁有二千二百家分行的大銀行了。其**顧客有百分之九十四是女性，而還款率達到令人驚異的百分之九十八，可謂極為成功**。後來葛拉敏銀行式的微型貸款制度，做為救濟貧困的新樣板，流傳到非洲各國及中南美等地，全球有五十八個國家導入使用。

Point

貧困階層只需要微薄的金錢資源就能為困境帶來巨大的改變。

43 《克服貧困》（貧困の克服，1999）

阿馬蒂亞・庫馬爾・沈恩 Amartya Kumar Sen

提倡亞洲人應秉持固有的自尊，
以健全的人類發展做為社會基礎的「亞洲發展策略」。
從「人民的安全保障」切入，面對現實中的社會難題。

阿馬蒂亞・沈恩（1933～），印度經濟學家。曾在印度的賈達普布爾大學、德里大學及美國哈佛大學、英國牛津大學擔任經濟學教授。1998年成為第一個獲頒諾貝爾經濟學獎的亞洲人。

親日的亞洲人中，首位獲得諾貝爾經濟學獎的學者

阿馬蒂亞・沈恩是一位印度經濟學家，也是**首位獲得諾貝爾經濟學獎的亞洲人**。

《克服貧困》一書，是由沈恩在亞洲各國進行的四場演講論文整理而成。由於是以聽眾為訴求的講稿形式撰寫，讀起來分外流暢易懂。此外，因為由「沈恩的角度」來切入各個主題，所以在剖析資訊素材時能保持一貫性。

這個人對亞洲抱有莫大的熱愛。他是在詩人泰戈爾（Rabindranath Tagore，亞洲首位諾貝爾文學獎得主）所創立的「森林學校」接受教育，因此**沈恩的心中對亞洲人身分擁有強烈的認同感**。他理所當然地深愛自己的祖國印度，也曾公開表示對日本、中國、泰國的親近感，並且對西方人抱有的亞洲偏見做出批判。

他那乍看之下給人沉靜印象的文章，字裡行間，令人感受到「請不要小看了亞洲的多樣性」的堅決意志。

同時，沈恩**對日本是誇讚得亂七八糟**。稍後也會提到，他對於「日本自內而外，將產品及文化推廣至全亞洲的經濟發展過程給予高度評價，身為日本人讀到這段特別開心。就好比是，國家因泡沫經濟一蹶不振之後，自己只顧著意志消沉，此時卻出現了一個討人喜歡的後輩，雙眼閃閃發光對自己說「前輩們創下的豐功偉業，給我們很多啟發！」的心情。

雖然眼下一副長江後浪推前浪的勢頭，但被人這樣尊重，也是會生出想要再多做出一些好榜樣的心情，不是嗎？

不過，他對已故前日本首相小淵惠三先生的推崇倒是有點太過了。在沈恩的眼裡，他是個理解「人類安全」（參照二五一頁）的同志，但在我來看，這人只是個遲鈍如牛又愛四處亂打電話的傢伙。平時的公開發言，也不過就是死板地拿幕僚準備好的稿子照念而已，拜託不要捧成那樣好嗎？

那麼，接下來就一起看看這本《克服貧困》的內容寫些什麼吧。

從日本的「東亞奇蹟」中學習！

近年來亞洲的經濟發展相當驚人，其成功背後奠基於一門共通的哲學概念，也就是「**東亞戰略**」。

東亞戰略的內容，即是**「首先著重提升人民素質，打造出富庶的社會」**。在西歐的世俗認知中，認為「社會要先變得富裕，人民素質才得以發展」，這是完全相反的概念。也就是說，東亞戰略不但不這麼想，反而認為「人民的素質才是國家發展的基石」。

因此，為了鞏固好國家發展所需的核心要素，必須先提升人民的**「潛在能力（Capability）」**。

沈恩認為這種潛在能力是**「讓人能成為想成為的模樣、能夠做想做的事，以獲得更理想生活方式的能力」**。這是每個人都能自由決定的事，像是「想要讓身體營養均衡又健康」、「想得到幸福」、「想待在喜歡的人身邊」、「想為自己感到驕傲」等等，一切都可以經由潛在能力獲得。

直白地說，「想要更好的生活方式必需的東西＝自己的潛在能力」，沈恩基於這種想法，主張生活的品質並非來自於所得或成就，應該透過潛在能力去觀察。

沈恩在這裡把訂立出東亞戰略的日本做為例子，明治初期日本所施行的正是所謂「提高潛在能力」的政策。

當時，**日本致力於普及「基礎教育及醫療」，沈恩認為這就是日本在開國以來為了讓國家更好，所做的「潛在能力培養」**。尤其是政府以公共運動貫徹國民基礎教育，提高人民的識字率與計算能力，拜此所賜，日本才能順利搭上後來的經濟發展浪潮。也就是說，**日本是在社會變得富足之前就「先培養潛在能力」，實踐了提升人民素質，再以這些人民為國家資產，成就了「東亞經濟奇蹟」**。我們的祖先真是了不起哪！漂亮地完全顛覆歐美的世俗認知。

接著，沈恩提出印度應該學習日本前例的想法。也就是「為貧窮的人民」進行素質的提升，以及學校教育普及化，有了這樣的人民做基礎，才能實現日後的經濟發展。

確實印度對這方面欠缺作為。明明有一部分人能夠得到完善充實的高等教育，但國家整體上，基礎教育的普及化卻完全沒有發展。

印度原本就是由一部分特權階級在控制社會。也因此印度的行政機構，比起發展為萬民所用的公眾服務，更致力於以特權階級為中心所形成巨大的官僚體制。

但是，如今已不是該繼續這樣下去的時候了。日本以基礎教育和醫療為潛在能力，不斷地往前越超越遠。而中國雖然跟印度是同樣的巨大官僚國家，但由於毛澤東時代，以官僚主義來貫徹教育改革及醫療，也才能導向今日的經濟發展成果。

那麼印度也該這麼做。這股**巨大官僚機器的力量、政策都不應再聽憑控制，應該用於教育、醫療等社會性的機會創造**。這些是只憑市場經濟無法做到的事，所以必須由政府來推動。這正是**「國家與市場的互補」**。

現今的世界，盛行的是包裝小政府及自由市場的新自由主義式經濟發展，但對於印度來說，「小政府」還很遙遠。與其等待改革，不如就讓它保持「大政府」狀態，先開始改變政府本身的形態，從專為特權階級服務的政府，改變為願意發展全體國民潛在能力的政府，切換政府施力方向才是眼前最重要的目標。

「人類安全」——沈恩的真正命題

看到這裡已經能明白到，想要經濟順利發展，先提升人民的潛在能力是很重要的環節。

但事實上，還有一件需要重視的事。那就是確實做到「人類安全」保障。

人類安全指的是**「所有構成人類生存、每日生活與尊嚴的各種威脅，以及對抗這些威脅所應加強的努力做法。」**（編註：由於人類安全相關議題無所不包，學者、國家政策擬定者或國際組織官員所下之定義，依個別主觀價值、認識或強調的重點而有所不同，但不管如何界定，主要關切點都是圍繞在人的安全，而不是以國家為主體。）

「人類安全（Human security）」一詞是沈恩自創的，一九九四年在聯合國開發總署（United Nations Development Programme, UNDP）發表的《人類發展報告》（*Human Development Report*, HDR）中第一次出現。以此為契機，人類安全的概念在整頓完善後，二〇〇一年發展出獨立於聯合國系統之外的組織「人類安全委員會」（The Commission on Human Security），由沈恩及緒方貞子（前聯合國難民事務高級專員）共同擔任會長。

一九九八年由已故前日本首相小淵惠三所進行的第一次「建立亞洲之明日知性對話」基調演說，定義人類的角度即是源自這個概念。簡單來說，就是「相信人類應以打造出生存不再受到威脅、尊嚴不再受到冒犯的創造性生活為目標」。

沈恩對這場演說大為感動，因此在應邀前往世界各國演講時，總是不忘讚美小淵首相幾句。別啊～這個人多半只是拿幕僚寫好的稿子照念而已，他的才幹在日本歷代首相裡差不多算中下層而已，絕對不是值得被您這樣偉大的人物稱讚的等級。像沈恩這樣具影響力的人，對小淵首相這樣亂誇一通，感覺像是會在世界上形成一股錯誤認知啊！太可怕了。就像小賈斯汀隨意地發了一條推特誇 PICO 太郎，一下子就讓他躍上世界舞台一樣。

不過話說回來，沈恩這個概念確實重要。如果**「人類的生存、每日生活和尊嚴」都持續處於受到威脅的情況下，就算特意提高了潛在能力，也會因突如其來的飢荒或愛滋病而失去一切**。實際上，已達高速成長的亞洲經濟，也曾因為一九九七年爆發的亞洲金融危機，讓人們的「安泰生活」在一夕之間遭到剝奪。

那麼今後目標不只是要「努力發展經濟」，「致力於伴隨保障人類安全而來的景氣下滑」這種乍看之下倒退走的觀念，也應該被看作重要的主張。意思就是，就算經濟不景氣，但人類安全受到保障的話就不必過度擔心。為此，平日便預先架設好以防萬一的安全網，對於長期的國家發展策略來說是相當重要的。

也因此，不僅是教育、醫療等潛在能力，**「民主主義」**也至關重要。**實踐民主主義，使政策透明化與市民參政的可能性，才能夠強化人類安全保障**，進而打破弱者容易成為受害者的人類社會結構。

常有人說：「亞洲不適應民主主義，比起自由，更重視秩序與規律，這就是亞洲的價值觀。」絕對

人類安全

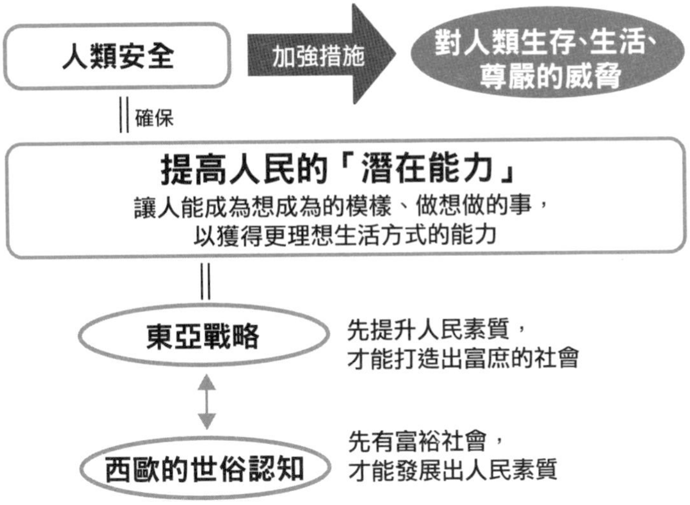
人類安全
加強措施
對人類生存、生活、尊嚴的威脅
確保
提高人民的「潛在能力」
讓人能成為想成為的模樣、做想做的事，以獲得更理想生活方式的能力
東亞戰略
先提升人民素質，才能打造出富庶的社會
西歐的世俗認知
先有富裕社會，才能發展出人民素質

沒有這回事。亞洲人也熱愛自由，把原本就富有多樣性的亞洲，以成見概括論之，實在太暴力了。這是歐美人出自民族性，以及想樹立獨裁政體的獨裁者才會說出的話。

理所當然地，正因為是民主主義，才能夠切實地做到危機處理。人民能夠參與政治，能夠經由選舉對政治形成壓力，碰到意外的狀況時才能夠全身而退。畢竟也不是所有亞洲人身上都貼著「百分百儒家思想」的標籤，更何況沈恩也說，儒家思想比想像中的自由多了。那麼對我們亞洲人來說，民主主義也一定能成為守護我們身家安全的城池。

沈恩和尤努斯不受歐美的價值觀束縛，同樣在認真地思考亞洲人真正需要的制度或觀念。這本《克服貧困》是很好讀的新書版，書末附錄放了譯者大石りら老師的〈阿馬蒂亞·沈恩 人與思想〉一文，字裡行間不僅洋溢著對沈恩的熱愛，內容經詳查整合更是精彩絕倫，對「近代化＝歐美化」抱有疑問的人，務必要拜讀一番。

Point

當人類的「生存、生活、尊嚴」受到保障之後，社會才能開始變得富庶。

44 《財富大逃亡》（*The Great Escape*, 2013）

安格斯・斯圖爾特・迪頓 Angus Stewart Deaton

「貧窮、匱乏、病痛」阻礙了人們的自由，
但即使人類能夠逃離它們，也仍會不斷產生出新的「落差」。
到底要怎麼做，我們才能逃出各種「落差」呢？

安格斯・迪頓（1945～），美國、英國的經濟學家。在英國布里斯托大學擔任教授，為美國普林斯頓大學客座教授。2015年獲諾貝爾經濟學獎。

從社會進步的過程中產生的「新落差」是什麼？

《財富大逃亡》是二〇一五年諾貝爾經濟學獎得獎者迪頓的著作。書的主題就是「落差」。話雖如此，寫的可不是「今日全球化經濟擴大了南北的經濟落差。來吧！讓我們脫離現狀！」這類簡單的內容。迪頓認為二十一世紀的今天，**不管是已開發先進國家或是開發中國家，人類都已經從金錢及健康問題中「成功逃脫」**。

那問題是出在哪裡呢？——他主張問題在於「**逃脫之後**」該怎麼辦。

確實單看數字的話，全世界各地的國民所得或平均壽命，都提高到以前所無法比擬的程度。就算只看開發中國家，情況也大致相同。但只要命運有所不平等，那麼在逃脫的人之外，陰影處必定還是有「被落在原處的人」。於是就產生了新的落差。本書就是**從健康面和所得面切入，探討「由進步而生的新落**

差」會如何影響人們的「幸福度」。

本書內容和皮凱提的著作一樣，相當「重視統計數據」。也就是先列出某個問題相關的圖表或數據資料，再針對這個問題在世界各處是「如何顯現出來」，進行一連串流暢的解說。不過還好，比起來這本書算是很薄了（約三五〇頁），能以輕鬆的心情看完它。——迪頓的《財富大逃亡》給人從山腳下能穩穩地看到山頂的安心感，沒有皮凱提《二十一世紀資本論》那種驚人的「立體度」，或是讓讀者感到遙不可及、心冷了半截的「超高標高」。

而且這本書還很有趣。不但設定在**「金錢、健康、壽命」這幾個任何人都關心的主題**，講述的口氣幽默且不枯燥。迪頓的口吻並不刁鑽，但還是不時有驚人之語。特別嚇到我的是「平均下來個子矮的人智力比身高高的人低」這個段落（※我在讀書筆記上寫著：「『什麼情形?!』才沒有好嗎。瞧不起日本人喔?!」細節大家可以自己去讀讀）。

此外這個人對於想傳達的主題相當熱血，心情一激動就會表現在文章裡。尤其是第七章的**「外資援助（ODA等）弊病」**，寫得超級有意思。當時我只剩三十頁就看完了，原本打算一口氣快速掃過，但因為內容太有趣，忍不住仔細讀了又讀，最後光這部分就看了兩個小時。

那麼開頭介紹就說到這裡，一起來看看《財富大逃亡》吧。

從健康和營養狀態就能看出「幸福」的落差

大脫逃

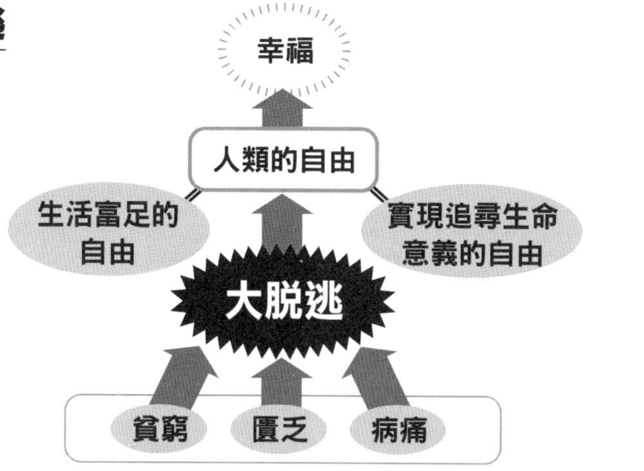

必須從妨礙人類自由的貧窮、匱乏、病痛中「大脫逃」！

落差經常都是以**「發展的副產品」**誕生。也就是既然不可能所有人同時變有錢，那麼也就不可能讓所有人都立刻變健康。

本書把焦點放在能使人感到幸福的原動力——**「財富與健康」**。

財富與健康不僅能讓人類幸福，還和人類的「自由」息息相關。因為迪頓所定義的自由，是能夠**「生活富足的自由」**以及**「實現追尋生命意義的自由」**。換句話說，想要得到自由，就必須先擁有「財富與健康」，有了財富與健康做原動力，人類才能夠抬腳邁向幸福之路。

但世界上**有許多阻礙自由的因素**，諸如「貧窮、匱乏、病痛」等等。人類大多數都因為這些原因，長期受到「缺乏自由」的狀況折磨。這本書論述的正是人類為何從這座牢獄中脫逃？如何脫逃？後來怎麼了？以及被留在原地的人該怎麼辦？……。

始於十八世紀中葉的工業革命，形成了今日世界上我們所見的大部分落差。從那時開始，已開發先進國家就持續保有長期的優勢，而開發中國家卻跨不上去。這是為什麼？——事實上很多開發中國家那時就在「行之有年的全球化」中成了帝國主義的犧牲品了。

帝國主義是先進諸國為了獲得新市場及資源所進行的搶佔殖民地比賽。因此，當時的先進國家無不以開發中國家做為跳板，躍上堆疊到異常高度的跳箱，那股跳躍力就是自己的發展原動力。然後從中而生的落差，也沒有被填補起來，成了今日社會落差的地基。

就算各先進國家做了自我反省，開口承諾「一直以來很抱歉，下次我們一起跳上去吧」，也還是沒用。這樣填補不了已經形成的落差。如果真心想消除落差，就必須由已開發先進國家擔任跳板，「就踩著我們跳上去吧！」才有可能。只要沒這樣做，兩者間的差距就不可能縮小。

而對這落差更進一步窮追猛打的，就是**「二十一世紀的全球化」**。全球化**對開發中國家來說，只是換了個形式的殖民地政策**。把存在巨大落差的世界捲入自由競爭中，只是在欺凌後起的弱者，不斷地拉大差距。

其中，仍然有藉著整體的成長勢頭，成功脫穎而出的國家。那就是中國和印度。但同樣地，有些國家還是沒跟上。就是非洲諸國。在這之間，非洲各國的國內發展落差擴大，又增加了許多因「落差生出的新落差」而苦的人。

另一方面，如果建構幸福的要素是「財富與健康」，**不考量健康條件，就無法測定幸福的落差**。如果能過著富足的生活，也能把金錢和時間花在人生意義上，那麼活得長久一些，也會成為絕對想要達到的目標了。

開發中國家和已開發先進國家的壽命落差，在二次世界大戰後有顯著的縮短。對此做出莫大貢獻的是「公共衛生」。也就是指乾淨水源、防蟲措施、抗生素、各種疫苗等，大幅減少了開發中國家的幼兒死亡率，在這方面與先進國家之間縮短了落差。

但是，先進國家的平均壽命也延長了，整體落差還是沒有太大的消滅。開發中國家下降的是幼兒死亡率，而先進國家克服了成人慢性病使壽命延長，因此就人類「平均壽命」來說，開發中國家大大地延長了。確實，比起本來只能活到七十五歲的人現在能活到八十歲，原本不到一歲就可能死掉的孩子現在能活到六十歲，的確是延長了很多。另外還有昂貴的醫療費用、犧牲掉健康的經濟成長策略等等，形成落差的要因仍然多不勝數。

測量健康的尺標，並不只是壽命的長短，還有**營養狀況**。也就是，想要幸福還必須「**從營養失衡的狀態脫逃**」。

在這個部分受到重視的是「**身高**」。身高雖然無法成為幸福的指標，但卻能成為營養是否足夠的參考。在幼兒期及青春期營養不足的族群，大體來說身高較矮。過去世俗認知是「身高由遺傳決定」，但**隨著營養學的普及化，如今身高甚至已成了測量貧窮度的尺標**。

然而就算營養獲得改善，要顯現出效果也要經過好幾代，因此迪頓的結論是——平均身高還是不適合用來做為測量幸福的尺標。這是什麼意思！搞半天迪頓只是嫌棄平均身高低的國家而已嗎?!印度人尤其被講得非常慘。喂！起來發火啊，印度的人們！他以為你們都不會看他的書呢！

持續擴大的落差和「有史以來規模最大的脫逃行動」

這裡開始要說的是所得差距的問題。本書中取兩大地區來做說明。「美國國內的所得差距」以及「中國、印度的躍進」。

首先從美國看起，**近三十年來，美國國內的所得差距變得非常大**。當然這也跟「社會底層原因」（因為全球化而失業、醫療費增加、勞工工會不振、移民沒有選舉權等）有關，但最大的原因還是在皮凱提那篇也有看到的「**超級大老闆**」。

前面皮凱提那篇內容就已經夠驚人，看到這邊又更驚嚇了。根據本書，在美國受薪者人口中，「平均年收達到二千四百萬美元（約二十六億日圓）」的人有百分之零點零一。

令人驚訝的不是金額，而是比例。

百分之零點零一簡直小到肉眼無法辨識，美國的受薪者有一億五千萬人，也就是說其中一**萬五千人是年收二千四百萬美元的等級**。把一萬五千名那種會把七龍珠裡的戰鬥力探測器爆破掉的怪物混進一般人裡，算出收入平均值根本毫無意義。

在經濟學裡有個「**柏拉圖判準**」（Pareto criterion），是「**思考不損及他人效用（滿足度），衡量變化好壞的判斷準則**」。用這個準則來看，「**某人變得富有，如果沒有損及他人，表示世界變好了**（＝**柏拉圖改善**〔Pareto improvement〕）」，但所得差距大到這種程度，能接受這個準則的人，應該連半個都沒有吧。那不是一定的嗎，會在年收入二十億日圓以上的大老闆身邊，拿著四百萬日圓年薪笑咪咪地寒暄「我們都大豐收」的人，絕對有毛病吧。

何況美國人的所得，**只有最高階層的成長率異常地高，中間層和低階層的所得完全沒有成長**。比較近三十年來的資料，有九成的人所得成長率僅僅只有百分之一點九，而剩下金字塔頂端那一成，所得成長率是他們的二點三五「倍」。這單位根本就不一樣了啊！可惡！所以美國這個地方啊，美好的「美國夢」不是沒有，但能抓住夢想的**機會卻徹徹底底不平等**。

另一方面在中國與印度，迪頓認為這兩個國家是創造出「**史上規模最大脫逃行動**」的主角。二〇一八年，中國人口達到十三點九億，印度人口有十三點一億，**只要這兩國脫離極貧狀態，就等於豐潤了二十七億人口**。確實是名副其實的大脫逃。再進一步細想，人口不斷增加的同時，即逐步脫離貧窮，這可是足以震撼馬爾薩斯的事實啊！但實際上，地球在這五十年人口增加了四十億的同時，也實現了比祖父母那代富足許多的生活。

想想看，這可不是平白多了四十億個派不上用場的廢柴。確實如果多出來的全都是繭居啃老族，地球就會像馬爾薩斯預言的那樣，被敗德和貧窮毀得亂七八糟吧。但迪頓也說過（以前毛澤東也是），「**每**

多一個人，就多一張吃飯的嘴，但工作的手卻多了兩隻」，所以生產性會提高是不爭的事實。

因此，迪頓對已開發國家出於多管閒事或非民主政權開發中國家所推動的「**人口抑制**」風潮，大為**批評**——就是類似那種「都是開發中國家任憑性慾，生出不受期待的孩子，才會導致人口爆炸，這可是毀滅世界啊」的論調。

但事實上，人口增加別說是毀滅了，根本就是帶來經濟成長。而且為什麼擅自認定是「任憑性慾」，大多數父母應該都是期待孩子誕生的。為了抑制人口而要求女性絕育或推行「一胎化政策」（※已於二○一五年取消），形同**侵害人權**。

輕易送上門來的援助有危險性？——「ODA 道德風險」

但在中國與印度發展之餘，還是有一些「被留下來的國家」。最後就來看看關於如何「援助」這些落後的國家吧。

在本篇一開始有提到，迪頓關於「**援助弊病**」那章的熱烈論述相當有趣。他認為所謂的援助就是——「**美其名為『來自海外的善意』之強權政治**」。這句話在書中僅出現過一次，卻深得我心。好厲害！我從來沒碰過能這麼一針見血地凸顯出「外來援助」本質的詞。這個形容，能夠將我心中長久以來對 ODA（Official Development Assistance，政府開發協助計畫）所感到的、難以言喻的心情，切中要點真實地傳達出來。

很明顯，迪頓並不認為這種「外來援助」是什麼好東西。應該說他對此恨之入骨。因為這種**「外資援助」大多會成為妨礙民主主義的要因**。

援助政策最糟糕的地方就在於，稅金以外的巨額收入來源，都將拱手讓給該國的政府。試想看看，政府事業或國防、法律體制等，都是因為有國民（＝納稅者）做為贊助人才能夠成立。因此並不需要海外援助。接受外援的情況，也就是使用「非國民共識下所集聚的資金」來成立政府組織。那麼，得到大量援助的政府，就不再需要看國民的臉色了，政治將出現往非民主方向變化的危險。

我們雖然討厭納稅，但反過來看，**「不需要向國民課稅的政治」**，對民主主義來說是再可怕不過的東西。巨額的ODA就會促成這個狀態。甚至可稱為是一種**「ODA道德風險」**。這麼下去，ODA就會成為一些擁護非洲小國成立獨裁政權的「蠢而有害的錢財」了。

就算提供援助的國家用條件要脅「必須用於民主！」也不會有效果。受援助國要把已到手的ODA用在別的地方，方法要多少有多少。舉例來說，「就算沒有外援也要建造水壩並已經準備好建造款的某國」，聲稱已將得到的援助用於建造水壩，私底下則把多出來的錢拿去開發核子飛彈，只要簡單地調換帳本就能做到天衣無縫。

冷戰期對地域關係充滿顧忌的觀念淡去，今日援助國大多是抱著單純的善意為開發中國家提供援助。但這筆外援卻會污染當地的政治，對民主主義造成阻礙。**施以援手的那方也會滿足於「我已善盡援**

助的本分」，不會進一步關心資源被用於何種用途。這是極為糟糕的情況。

因此迪頓如此主張——「我們所該做的是避免插手他們的自立過程。為他們開創憑自己力量站起來的道路，並停止各種干擾行為。**外資援助正是我們所做過的事中，最為嚴重的干擾之一**。我們該做的是『停止去思考』我們該做什麼」。

沒有民主主義的地方就沒有自由，沒有自由的地方就不會有幸福。對於外資援助的弊病，迪頓在書中所提出的觀點，非常深遠且有趣。礙於頁數有限，不能把有趣的部分都寫上來，大家請務必一讀。

Point

不管是已開發國家或開發中國家，經濟發展的過程即會不斷地產生新的落差。

45《政治經濟學原理》（*Principles of Political Economy*, 1848）

約翰・斯圖爾特・彌爾 John Stuart Mill

被稱為「古典學派經濟學之大成」的名著。不僅統合了亞當斯密與李嘉圖的論辯，在關鍵處甚至還多有出色的「改良主義」氣息。

約翰・彌爾（1806～1873），英國哲學家、經濟思想家。自小受身兼哲學家、經濟學家的父親詹姆斯・彌爾施以菁英式教育，早早就展現才華。是一位標榜自由主義者與社會主義者的學者。

早熟天才的經濟分析經常過於天真？

彌爾是一位相當多才多藝的人，在哲學、政治學、經濟學等領域都富有名聲。

在父親的教育方針之下，他從小就接受程度可謂異常的菁英教育。因此，十二歲就精通希臘語、拉丁語、代數、幾何、微積分，並以此為基石進一步學習經濟學。使用的教材是李嘉圖的《政治經濟學及賦稅原理》（認真的嗎?!），在此期間從來不曾在學校求學。因為他的父親認為，去學校也不會交到什麼像樣的朋友，只會染上不良嗜好跟怠惰的生活習慣而已。

這實在是問題相當多的教育方式。事實上，彌爾在十三歲時陷入了自己稱為「精神危機」的抑鬱狀態。正好在那個前後，他接觸到聖西蒙（Saint-Simon）的空想社會主義，以此時期為分水嶺，他的思想中開始帶上強烈的道德性。彌爾自稱為「社會主義者」，並主張「財富往特權階級集中是為惡」、「應把對貧窮者施以教育視為社會全體的利益」等等，大幅傾向改良主義。

他的著作《政治經濟學原理》也有濃厚的此種氣息。這本書是被稱為「古典學派經濟學之大成」的名著，在展現出色分析的另一方面，各個關鍵處不時飄散著改良主義的天真氣息。

彌爾在本書中，**將專攻經濟生產面與分配面的亞當斯密及李嘉圖的經濟學，以批判的角度加以整合**。其成果受到很高的評價，直到馬歇爾的《經濟學原理》出版之前，這本書一直是古典學派經濟學具代表性的教科書。其中彌爾也有提到「社會改良主義」，這是將李嘉圖的分配法則加以道得改良後的成品，但也是所謂「天真」的部分。

彌爾為了想消除世界上的不平等，重新檢討其「生產與分配的法則」。他的結論是，**「生產」本身由於受自然條件（如工業用地、資源）等左右而無法做出改變，但「分配」卻可以經由人的努力而有所改善**。

這個努力指的是「貫徹道德教育」。如果能夠做到這點，資本家即會反思「不平等是不好的」，進而開始對制度進行改革。再者，彌爾認為與欲望攪在一起的經濟發展停滯，呈現「靜止狀態」，才是理想的國民社會環境，這種時期才有可能實現縮短工時、公平分配利潤、具有賢明的自利心與同理心、提高勞工生活水準，以及在人文層面的成長。

唔，不知道是不是因為已經習慣經濟學者們的毒辣論調了，彌爾的天真風格總覺得有點吃不下去。這時只能明說了，這位爸爸，都是你的錯啦。

46 《零和社會》（*The Zero-Sum Society*, 1980）

萊斯特・梭羅 Lester C. Thurow

在一九八〇年代景氣十分低迷的美國，梭羅提出了社會上某一方必須承受損失的嚴厲議題，在沒有犧牲的情況下，經濟將不可能復活。

萊斯特・梭羅（1938 ～ 2016），美國經濟學家。為麻省理工學院教授，並擔任同校管理學研究所MIT 史隆管理學院院長。

如果沒有誰遭受損失，就不會有人變得富有?!

這是一本「**對成長趨緩的美國經濟發出警告的書**」。

ZERO-SUM 指的是「零和」，也就是「相加等於零」的概念。梭羅對美國的經濟狀況，主張「**經濟停止成長的社會，由於財富與資源的量是一定的，當有誰獲得利益時，就代表必定有人遭受同等的損失**」。這種社會即為「**零和社會**」。

本書寫成於一九八〇年代初期，當時美國正對此深有所感。過去曾實現世界最高生活水準的美國，如今跌落神壇，國民年收落入後段班。財富遜於中東、生產性的提升率輸給日德，每人 GNP 降到了世界第五名。今日美國在做的事，都是在對他國說三道四而已。「中東沒有生產能力，財富只不過是繼承來的（地下資源），太奸了吧」、「日本的對外貿易法不公平」——明明美國自己也佔有很多資源（結果也只是把繼承來的資源耗盡而已）啊！而且也是他們自己要跟日本買他們自己做不出來的錄影機啊（還擺出一副高姿態）。

日本和德國運用戰敗形成的社會反作用力，犧牲自身的消費與生活水準，展現出令世界驚異的經濟成長。相對地，美國就算現在願意犧牲全國的消費與生活水準，也不可能達到與日德相同的高度經濟發展成果。但現今的美國卻已然停止成長，財富止步於此，生活水準更節節下降，到了不得不做點什麼的地步。

梭羅認為，美國在經濟上的諸多問題其實有解法。但**這一切「必須由某人負擔巨大的經濟損失」才有可能實現**。對經濟已經停止成長，財富量保持固定的美國來說，**經濟學已成了「如何分攤損失」的學問，經濟政策也落入了零和遊戲的世界**。其結果是所有的經濟政策都以「平均分配」為目標，社會變得比以前富足的同時，也製造出「平白變得有錢的人，以及抽到鬼牌的人」。

在過去，損失只要推給弱小族群就行了。但在現代的民主主義社會中，弱者已學會各種戰術，不會輕易蒙受損失。但因為國家以分攤損失為前提，非零和則不可能讓所有人都得到幸福。利用經濟成長提高所得這種似是而非的做法，也不再通用了。就算活得比中世紀貴族或印度人富裕，但所在的是現代美國。何況整個國家就只有我遭受損失，我才不接受呢！可是只要社會仍在零和狀態，就逃不開分攤損失的發展。來吧，接下來是誰要降薪呢？——這就是本書所要提出的警告。

47《金融煉金術》（*The Alchemy of Finance*, 1987）

喬治・索羅斯 George Soros

創下許多傳說的「紐約鍊金術師」，其主張論點是「市場總是錯的」。看準其他金融玩家犯下的錯誤，將之轉換為大把進帳，堪稱金融市場之子。

喬治・索羅斯（1930～），以巨額避險基金——量子基金的領導人身分活躍於世界金融界，被稱為「史上最強的操盤手」。

足以左右國家貨幣價值的強大手腕

喬治・索羅斯被人稱為**「史上最強的操盤手」**。他同時也是世界上規模最大的避險基金——量子基金的領導人。他曾創下許多傳說，留下「打敗英格蘭銀行的人」、「亞洲金融危機的下套人」等名號，一九九〇至一九九三年連續四年在華爾街的影響力排行中獨佔鰲頭。

避險基金的基本運作是「錢滾錢」，當然前提是要有足夠大的「本金」。他們完全能做到這點。因為基金正是代替全世界的富裕階級以及機構投資家們，幫他們用大錢賺更多錢的「投資專家」。再加上避險基金原本是針對迴避風險而設計的形式，但卻特別喜歡高風險、高回收，擅長運用表面下跌或不景氣的局面等手法設計圈套。

索羅斯最擅長的技能就是**「用錢壓垮」弱小國家**。例如一九九七年的亞洲金融危機，他看準弱小的開發中國家——泰國，一口氣極大量買入泰銖，等價格漲到極限（當時市值飆到極高）時，再一口氣賣個精光。「能夠左右一個國家貨幣價值的買賣量」，沒有其他人能做到。索羅斯用同樣的手法從泰國開始故技重施，造成亞洲的經濟一夕混亂不堪，馬來西亞總理馬哈蒂（Mohamad）甚至公然指責「索羅斯是國際罪犯」。

此外，索羅斯在一九九二年的「英鎊危機」中向英格蘭銀行正面挑釁。當時的英國正因為不景氣而打算調低利率，卻因為歐洲匯率機制（Exchange Rate Mechanism, ERM）這種歐盟共通貨幣制度，而無法單憑自己國家的判斷就調低利率，因為會連帶影響到德國訂定的高利率政策。

利率太高的話，不只企業無法貸得因應不景氣用的款項，英鎊的流通率也降低，導致幣值升高，對外銷業形成壓力。任何人一看就知道現在的英國可說重病瀕危，然而德國卻不願意為了紓緩英國壓力而同意調低利率（英國就是從此時開始對歐盟產生不信賴感）。索羅斯看準了英格蘭銀行當時無力支撐局面，這次鎖定英鎊傾盡全力「賣光→買回」，賺得瓢滿缽滿。

索羅斯的論調是**「市場總是錯的」**。這是句了不得的話。因為「總是」意味著「百分百」。這句話的真正意思是——「市場有無數參與者，其行動中必定包含著錯誤」。

而索羅斯從不放過這些錯誤，並把它換成了金錢。正可謂是「紐約的鍊金術師」。

48 《福利經濟學》（*The Economics of Welfare*, 1920）

亞瑟・塞西爾・皮古 Arthur Cecil Pigou

從人道主義的角度來研究經濟學，
摸索在倫理上使人群得到幸福的方法。
皮古創造出福利經濟學，並提出環境稅（社會成本）等構想。

亞瑟・皮古（1877～1959），英國經濟學家。劍橋大學教授，以馬歇爾後繼者身分樹立起福利經濟學的地位。

福利經濟學家皮古，原本是位哲學家。承襲邊沁（Jeremy Bentham）的功利主義（以最多數人的最大幸福為目標）傳統，**將「大眾的效用（滿足度）總和拉到最高值」，以實現社會的經濟福利（福祉）為目標，這就是皮古的福利經濟學。**

皮古原本不是經濟學家，而是位「人道主義哲學家」。他在二十世紀初期的英國接觸到失業與貧困等現實面，反覆摸索其解決方法，結果為了追求能夠幫助貧困者的真正分配法則，一腳踏入經濟學的領域。因此皮古的經濟學和別人有點不一樣。當其他人的經濟學正在描繪欲望橫流、不仁不義、弱肉強食的世界時，皮古的福利經濟學則在摸索能夠**「以道德倫理的方式來為眾人謀求社會福祉果實」**的方法。

而皮古的福利經濟學中，最棒的點子就是「環境稅」。這是將「外部不經濟內部化」（由賣家與買家來解決他們加諸在其他人身上的困擾）的一種方式，向製造公害的企業收取環境稅，再用這些稅收來營運社會福利事業的思想。這種稅又名為「皮古稅」。

49 《貧窮物語》（貧乏物語，1947）

河上肇

列述「貧窮」的種類及其形成原因，並以強勁的論點進一步提出改善方法。徹底探究科學和宗教的真理，做出相當具魄力的評論。

河上肇（1879～1946），日本經濟學家。原本在日本京都大學擔任教授，因為研究馬克思主義經濟學而被迫離開學術界，後因加入共產黨遭逮捕入獄。

河上肇是昭和初期日本具代表性的馬克思主義經濟學家，同時他還有其他多種面貌。

首先，他出身自幕末志士輩出的山口縣，本身就浸染求道與報國意志。後來聽了內村鑑三、木下尚江的演講，深受「絕對無我主義」（即利他心）感動。又接觸到托爾斯泰，對人道主義有了啟蒙。如此深具正義感與人道主義精神的他，最後到達的是「窮人的友方」——馬克思主義。不過他在成為社會主義者之後，仍沒有捨棄宗教的利他心，**主張科學真理與宗教真理並立，是一位相當獨特的社會主義者。**

河上所著的《貧窮物語》，並非小說，而是一本評論集。自一九一六年起，他在《大阪朝日新聞》連載評論專欄，以充滿迫力的強勢筆觸，論述「貧窮的種類、已開發國家的貧困現況、貧窮的原因（資本與勞動力用於生產奢侈品，造成民生必需品的生產不足），以及擊退貧窮的方法（抑止富人的奢侈品消費）」等內容。

《貧窮物語》目前已納入「青空文庫」平台，在網路上可以免費閱讀，請大家務必一閱。

50 《改變每個人的3個狂熱夢想》（*Utopia for Realists*, 2017）

羅格．布雷格曼 Rutger Bregman

現代社會的生產力過剩，已經不需要再胼手胝足地奮鬥了！導入「無條件基本收入制度」後，人人都能擁有不受束縛的自由生活。

羅格．布雷格曼（1988～），荷蘭歷史學家、記者。提倡導入無條件收入制度，並在國際間舉辦巡迴講座。

從智慧型手機到平板，再來是超跑……物質上明明已經如此豐足，為什麼心情仍然鬱悶不堪？

——這是因為人們心底對於沒錢抱有恐懼的關係。

為了活下去需要錢，為了得到錢需要去工作。但現在世上已經不那麼需要就職了。生產力過剩、技術的進步日新月異。說白了，我們的工作時間就算減半，物質也不會陷入不足。沒錯，**今日的生產行為大多不是「為了製造出必需品」，而是「為了維持雇用與就業狀態」**而生產。

這種毫無意義的事應該停下來了。大幅降低人們的工作時間，反過來導入「全民基本收入制度」就可以了。這是「所有人都能無條件獲得保證最低生活費用」的制度，如今陸續有歐洲國家開始導入。

社會不再需要福利及長時間的勞動，我們需要的是無條件收入制度。有能夠直接獲得金錢的保證，不會有比這更好的特效藥了。擦去鬱悶的心情，讓生活真正豐滿起來。這就是布雷格曼《改變每個人的3個狂熱夢想》。

*表「簡體書」。中文版以繁體書優先選列

第 1 章｜掌握「經濟學」基礎的 13 本名著

1 ｜《*The Wealth of Nations*》
日文版▶《国富論》山岡洋一 訳，日本経済新聞出版社
中文版▶《國富論》、《國富論 II》謝宗林、李華夏 譯，先覺

2 ｜《*An Essay on the Principle of Population*》
日文版▶《人口論》斉藤悦則 訳，光文社古典新訳文庫
中文版▶《人口論（上）》、《人口論（下）》周憲文 譯，五南

3 ｜《*On the Principles of Political Economy and Taxation*》
日文版▶《経済学および課税の原理》羽鳥卓也 他訳，岩波文庫
中文版▶《政治經濟學及賦稅原理》*王亞南 譯，譯林出版社

4 ｜《*Tableau Economique*》
日文版▶《経済表》平田清明 他訳，岩波文庫
中文版▶《魁奈《經濟表》及著作選》*華夏出版社

5 ｜《*The General Theory of Employment, Interest, and Money*》
日文版▶《雇用・利子および貨幣の一般理論》間宮陽介 訳，岩波文庫
中文版▶《就業、利息和貨幣通論》*徐毓枬 譯，譯林出版社

6 ｜《*The National System of Political Economy*》
日文版▶《経済学の国民的体系》小林昇 訳，岩波書店
中文版▶《政治經濟學的國民體系》*邱偉立 譯，華夏出版社

7 ｜《*Elements of Pure Economics*》
日文版▶《純粋経済学要論》久武雅夫 訳，岩波書店
中文版▶《理論經濟學要義》王作榮 譯，臺灣銀行經濟研究室

8 ｜《*Economics*》
日文版▶《経済学》都留重人 訳，岩波書店

9 ｜《*Two Treatises of Government*》
日文版▶《統治二論》加藤節 訳，岩波文庫
中文版▶《政府論》*豐俊功 譯，金城出版社

10 ｜《*Administrative Behavior, 4th Edition*》
日文版▶《新版 経営行動》桑田耕太郎 他訳，ダイヤモンド社
中文版▶《管理行為（珍藏版）》*詹正茂 譯，機械工業出版社

11 ｜《*Public Finance in Democratic Proces*》
日文版▶《財政理論》山之内光躬 他訳，勁草書房
中文版▶《民主財政論》*穆懷朋 譯，商務印書館

12 ｜《*The Winner's Curse*》
日文版▶《セイラー教授の行動経済学入門》篠原勝 訳，ダイヤモンド社
中文版▶《贏家的詛咒》高翠霜 譯，經濟新潮社

13 ｜《*Macroeconomics*》
日文版▶《マクロ経済学　入門編》足立英之 他訳，東洋経済新報社
中文版▶《總體經濟學（四版）》謝振環 譯，東華

第 2 章｜瞭解經濟發展及自由主義的 13 本名著

14 ｜《*The Road to Serfdom*》
日文版▶《隷従への道》村井章子 訳，日経 BP 社
中文版▶《通向奴役之路》藤維藻、朱宗風 譯，商務

15 ｜《*The Theory of Economic Development*》
日文版▶《経済発展の理論》塩野谷祐一 他訳，岩波文庫
中文版▶《經濟發展理論》蕭美惠 譯，商周出版

16 ｜《*Capitalism and Freedom*》
日文版▶《資本主義と自由》村井章子 訳，日経 BP 社
中文版▶《資本主義與自由（四版）》謝宗林 譯，五南

17 ｜《*The age of diminished expectations*》
日文版▶《クルーグマン教授の経済入門》山形浩生 訳，ちくま学芸文庫
中文版▶《預期消退的年代》*王松奇 譯，中國經濟出版社

18 ｜《*Introductory Economics*》
日文版▶《入門経済学》藪下史郎 訳，東洋経済新報社

19 ｜《*Concept of Corporation*》
日文版▶《企業とは何か》上田惇生 訳，ダイヤモンド社
中文版▶《企業的概念》徐聯恩 譯，天下文化

20 ｜《*The Essential John Nash*》
日文版▶《ナッシュは何を見たか—純粋数学とゲーム理論》落合卓四郎 訳，丸善出版

21 ｜《*The Age of Turbulence*》
日文版▶《波乱の時代》山岡洋一 他訳，日本経済新聞出版社
中文版▶《我們的新世界》林茂昌 譯，大塊文化

22 ｜《*Risk, Uncertainty, and Profit*》
日文版▶《リスク・不確実性および利潤》奥隅栄喜 訳，文雅堂書店
中文版▶《風險、不確定性和利潤》*王宇、王文玉 譯，中國人民大學出版社

23 ｜《*Social Choice and Individual Values*》
日文版▶《社会的選択と個人的評価》長名寛明 訳，勁草書房
中文版▶《社會選擇與個人價值（第二版）》*上海人民出版社

24 ｜《*Human Capital*》
日文版▶《人的資本》佐野陽子 訳，東洋経済新報社
中文版▶《人力資本（原書第三版）》*機械工業出版社

25 ｜《*A Theory of Justice*》
日文版▶《正義論》川本隆史 他訳，紀伊國屋書店
中文版▶《正義論（珍藏版）》*何懷宏、何包鋼、廖申白 譯，中國社會科學出版社

26 ｜《自動車の社会的費用》
日文版▶《自動車の社会的費用》宇沢弘文，岩波文庫
中文版▶《汽車的社會性費用》*四川教育出版社

第3章｜認識「資本主義」的13本名著

27 |《*The Protestant Ethic and the Spirit of Capitalism*》
日文版▶《プロテスタンティズムの倫理と資本主義の精神》大塚久雄 訳，岩波文庫
中文版▶《基督新教倫理與資本主義精神》康樂、簡惠美 譯，遠流

28 |《*Das Kapital*》
日文版▶《資本論》向坂逸郎 訳，岩波文庫
中文版▶《資本論》中共中央馬克思恩格斯列寧斯大林著作編譯局 譯，聯經出版社

29 |《*Extraordinary Popular Delusions and the Madness of Crowds*》
日文版▶《狂気とバブル》塩野未佳 他訳，パンローリング
中文版▶《異常流行幻象與群眾瘋狂（二版）》李祐寧 譯，大牌出版

30 |《*Animal Spirits*》
日文版▶《アニマルスピリット》山形浩生 訳，東洋経済新報社
中文版▶《動物本能》李芳齡 譯，天下文化

31 |《*Le Capital au XXIe siècle*》
日文版▶《21世紀の資本》山形浩生 他訳，みすず書房
中文版▶《二十一世紀資本論》詹文碩、陳以禮 譯，衛城出版

32 |《*Principles of Economics*》
日文版▶《経済学原理》小林時三郎 訳，岩波文庫
中文版▶《經濟學原理》*朱志泰、陳良璧 譯，商務印書館

33 |《コンドラチェフ経済動学の世界》
日文版▶《コンドラチェフ経済動学の世界》岡田光正，世界書院

34 |《*The Great Transformation*》
日文版▶《大転換》野口建彦 訳，東洋経済新報社
中文版▶《鉅變》黃樹民 譯，春山出版

35 |《*The Theory of the Leisure Class*》
日文版▶《有閑階級の理論》小原敬士 訳，岩波文庫
中文版▶《有閒階級論》李華夏 譯，左岸文化

36 |《*Imperialism, the Highest Stage of Capitalism*》
日文版▶《帝国主義論》宇高基輔 訳，岩波文庫
中文版▶《帝國主義是資本主義的最高階段》*人民出版社

37 |《*An Essay on the Nature and Significance of Economic Science*》
日文版▶《経済学の本質と意義》小峯敦 他訳，京都大学学術出版会

38 |《*Towards a Dynamic Economics*》
日文版▶《動態経済学序説》高橋長太郎 他訳，有斐閣
中文版▶《動態經濟學芻論》徐國燾 譯，臺灣商務印書館

39 |《*The Modern World-System*》
日文版▶《近代世界システム》川北稔 訳，岩波書店
中文版▶《近代世界體系（第一～三卷）》郭方、劉新成、張文剛 譯，桂冠

第 4 章｜理解「豐饒」與「貧困」的 11 本名著

40｜《*The affluent Society*》
日文版▶《ゆたかな社会》鈴木哲太郎 訳，岩波現代文庫
中文版▶《富裕社會》*趙勇、周定瑛、舒小昀 譯，江蘇人民出版社

41｜《*La Société de consommation*》
日文版▶《消費社会の神話と構造》今村仁司 訳，紀伊國屋書店

42｜《*Vers un monde sans pauvreté*》
日文版▶《ムハマド・ユヌス自伝》猪熊弘子 訳，ハヤカワノンフィクション文庫
中文版▶《窮人的銀行家》曾育慧 譯，聯經出版公司

43｜《貧困の克服》
日文版▶《貧困の克服》大石りら 訳，集英社新書

44｜《*The Great Escape*》
日文版▶《大脱出》松本裕 訳，みすず書房
中文版▶《財富大逃亡》李隆生、張逸安 譯，聯經出版公司

45｜《*Principles of Political Economy*》
日文版▶《経済学原理》末永茂喜 訳，岩波文庫
中文版▶《政治經濟學原理（上、下）》*金鏑、金熠 譯，華夏出版社

46｜《*The Zero-Sum Society*》
日文版▶《ゼロ・サム社会》岸本重陳 訳，阪急コミュニケーションズ

47｜《*The Alchemy of Finance*》
日文版▶《ソロスの錬金術》青柳孝直 訳，総合法令出版
中文版▶《金融煉金術》俞濟群、黃嘉斌，寰宇

48｜《*The Economics of Welfare*》
日文版▶《知識と実践の厚生経済学》高見典和 訳，ミネルヴァ書房

49｜《貧乏物語》
日文版▶《貧乏物語》河上肇，岩波文庫

50｜《*Utopia for Realists*》
日文版▶《隷属なき道》 野中香方子 訳，文藝春秋
中文版▶《改變每個人的 3 個狂熱夢想》陳信宏 譯，網路與書出版

國家圖書館出版品預行編目(CIP)資料

一本讀懂50冊經濟學名著：從經典傑作到現代暢銷書,輕鬆瞭解改變世界的經濟學 / 蔭山克秀著；高品薰譯. -- 臺北市 : 商周出版 : 家庭傳媒城邦分公司發行, 2020.01
面；　公分. -- (ViewPoint ; 100)
ISBN 978-986-477-066-3(平裝)

1.經濟學 2.專科目錄

016.55　　108021466

ViewPoint 100

一本讀懂50冊經濟學名著

——從經典傑作到現代暢銷書，輕鬆瞭解改變世界的經濟學

作　　者／蔭山克秀
譯　　者／高品薰
內頁插畫／瀨川尚志
企畫選書／黃靖卉
責任編輯／林淑華

版　　權／黃淑敏、吳亭儀、江欣瑜
行銷業務／周佑潔、黃崇華、張媖茜
總 編 輯／黃靖卉
總 經 理／彭之琬
事業群總經理／黃淑貞
發 行 人／何飛鵬
法律顧問／元禾法律事務所 王子文律師
出　　版／商周出版
台北市 104 民生東路二段 141 號 9 樓
電話：(02) 25007008　傳真：(02)25007759
E-mail：bwp.service@cite.com.tw
發　　行／英屬蓋曼群島商家庭傳媒股份有限公司城邦分公司
台北市中山區民生東路二段 141 號 2 樓
書虫客服服務專線：02-25007718；25007719
服務時間：週一至週五上午 09:30-12:00；下午 13:30-17:00
24 小時傳真專線：02-25001990；25001991
劃撥帳號：19863813；戶名：書虫股份有限公司
讀者服務信箱：service@readingclub.com.tw
城邦讀書花園 www.cite.com.tw
香港發行所／城邦（香港）出版集團
香港灣仔駱克道 193 號 _ E-mail : hkcite@biznetvigator.com
電話：(852) 25086231　傳真：(852) 25789337
馬新發行所／城邦（馬新）出版集團【Cite (M) Sdn Bhd】
41, Jalan Radin Anum, Bandar Baru Sri Petaling, 57000 Kuala Lumpur, Malaysia.
電話：(603) 90578822　傳真：(603) 90576622

封面設計／李東記
內頁排版／林曉涵
印　　刷／中原造像股份有限公司
經 銷 商／聯合發行股份有限公司　新北市 231 新店區寶橋路 235 巷 6 弄 6 號 2 樓

■ 2020 年 1 月 9 日初版
■ 2022 年 2 月 18 日初版 2.2 刷
Printed in Taiwan

定價 380 元

城邦讀書花園
www.cite.com.tw

ISBN 978-986-477-066-3

廣	告	回	函
北區郵政管理登記證			
北臺字第000791號			
郵資已付，免貼郵票			

104　台北市民生東路二段141號2樓

英屬蓋曼群島商家庭傳媒股份有限公司城邦分公司　收

請沿虛線對摺，謝謝！

書號：BU3100　　書名：一本讀懂50冊經濟學名著　　編碼：

請於此處用膠水黏貼

讀者回函卡

感謝您購買我們出版的書籍！請費心填寫此回函卡，我們將不定期寄上城邦集團最新的出版訊息。

線上版讀者回函卡

姓名：______ 性別：□男 □女

生日：西元______年______月______日

地址：______

聯絡電話：______ 傳真：______

E-mail：

學歷：□ 1. 小學 □ 2. 國中 □ 3. 高中 □ 4. 大學 □ 5. 研究所以上

職業：□ 1. 學生 □ 2. 軍公教 □ 3. 服務 □ 4. 金融 □ 5. 製造 □ 6. 資訊
□ 7. 傳播 □ 8. 自由業 □ 9. 農漁牧 □ 10. 家管 □ 11. 退休
□ 12. 其他______

您從何種方式得知本書消息？

□ 1. 書店 □ 2. 網路 □ 3. 報紙 □ 4. 雜誌 □ 5. 廣播 □ 6. 電視
□ 7. 親友推薦 □ 8. 其他______

您通常以何種方式購書？

□ 1. 書店 □ 2. 網路 □ 3. 傳真訂購 □ 4. 郵局劃撥 □ 5. 其他______

您喜歡閱讀那些類別的書籍？

□ 1. 財經商業 □ 2. 自然科學 □ 3. 歷史 □ 4. 法律 □ 5. 文學
□ 6. 休閒旅遊 □ 7. 小說 □ 8. 人物傳記 □ 9. 生活、勵志 □ 10. 其他

對我們的建議：______

【為提供訂購、行銷、客戶管理或其他合於營業登記項目或章程所定業務之目的，城邦出版人集團（即英屬蓋曼群島商家庭傳媒（股）公司城邦分公司、城邦文化事業（股）公司），於本集團之營運期間及地區內，將以電郵、傳真、電話、簡訊、郵寄或其他公告方式利用您提供之資料（資料類別：C001、C002、C003、C011 等）。利用對象除本集團外，亦可能包括相關服務的協力機構。如您有依個資法第三條或其他需服務之處，得致電本公司客服中心電話 02-25007718 請求協助。相關資料如為非必要項目，不提供亦不影響您的權益。】

1.C001 辨識個人者：如消費者之姓名、地址、電話、電子郵件等資訊。
2.C002 辨識財務者：如信用卡或轉帳帳戶資訊。
3.C003 政府資料中之辨識者：如身分證字號或護照號碼（外國人）。
4.C011 個人描述：如性別、國籍、出生年月日。

請於此處用膠水黏貼